KRÄUTER

KRÄUTER

IN KÜCHE UND GARTEN
KRIEMHILD UND ALOYS FINKEN
FOTOS: KRIEMHILD FINKEN

INHALT

**VORANGEHENDE
SEITE LINKS**
Kräuterimpressionen
LINKE SEITE
*Kräutervielfalt im
Hochbeet*

EINLEITUNG

Ein kurzer historischer Rückblick

Über viele Jahrtausende nutzten die Menschen Kräuter, um ihre Gesundheit zu erhalten oder wiederzugewinnen, um ihre Speisen wohlschmeckender und leichter verdaulich sowie Nahrungsmittel haltbarer und länger genießbar zu machen. Das geschah sicher zunächst nach der Methode „Versuch und Irrtum" und dürfte auch nicht ohne schwerwiegende Fehler abgelaufen sein, da manche Kräuter je nach Dosierung giftig sind oder Halluzinationen hervorrufen.

Vor annähernd 4000 Jahren hielten die Babylonier bereits ihr Wissen über Heilkräuter in Keilschrift fest. Nur wenig jünger ist der *Papyrus Ebers* (um 1550 v. Chr.), auf dem die Ägypter in erheblich größerem Umfang vor allem Rezepte für Heilmittel überlieferten.

Die Verbreitung vieler Mittelmeerkräuter nördlich der Alpen, deren Wirkungsweise über die Antike hinweg dort bekannt blieb, verdanken wir zunächst den Römern, denn diese wollten – sei es als reiche Landbesitzer auf ihren Landsitzen (*villae rusticae*) oder als Legionäre seit den Eroberungen Cäsars und Augustus' – nicht auf die ihnen vertrauten Heil- und Würzkräuter verzichten.

Das Wissen dieser Epoche wurde u.a. durch den römischen Schriftsteller Plinius d. Ä. († 79 n. Chr.), den Griechen Dioskurides (1. Jahrhundert n. Chr.) – römischer Militärarzt und berühmtester Pharmakologe des Altertums – und die Kochrezepte, die unter dem Namen des Gourmets Apicius (1. Jahrhundert n. Chr.) tradiert sind, aber eine Kompilation späterer Zeit darstellen, überliefert. Durch den Wissensdurst der Benediktiner und ihr emsiges Kopieren antiken Schrifttums ging es auch später für Europa nicht verloren.

Für die Verbreitung sorgten der sogenannte *St. Galler Klosterplan* (um 820), der ein fast verbindliches Schema für die klösterlichen Heil- und Gewürzgärten darstellte – ein Schema, das Walahfrid Strabo (808/9–849), der spätere Abt des Klosters auf der Reichenau, in seinem *Liber de cultura hortorum*, kurz *Hortulus* genannt, mit Leben erfüllte. Außerdem trug das *Capitulare de villis* Karls des Großen (um 747–814) dazu bei, in dem der Herrscher vorschrieb, was auf den kaiserlichen Gütern anzupflanzen sei. Von den herrschaftlichen Gütern, den Gärten der späteren Burgen und den Klostergärten aus traten die Pflanzen und manche Heil- und Würzkenntnis den Weg in die restliche Bevölkerung an.

Auch die berühmte Kräuterkundige Hildegard von Bingen (1098–1179) kannte das griechisch-römische Wissen, stützte sich aber in ihren Werken über Bäume, Kräuter, Steine und Metalle wie Walahfrid Strabo auch auf eigene Erfahrungen und die Volksmedizin. Mit Beginn der Neuzeit verfassten dann die Väter der Botanik, die sogenannten Kräuterväter, wie

LINKE SEITE
Kräuter in alten Abbildungen
VORANGEHENDE SEITE LINKS
Petersilie und Suppengrün gibt es ganz frisch auf dem Gemüsemarkt.

z.B. Otto Brunfels (1488–1534), Hieronymus Bock (1498–1554), Leonhart Fuchs (1501–1566), Pietro Andrea Mattioli (1501–1577) und Tabernaemontanus (1522–1590), weitgehend auf Erfahrung, Experiment und genauer Beobachtung beruhende Werke, in denen sie auch viel Magisches – gänzlich ablehnend oder zumindest mit einem gehörigen Schuss Skepsis – erwähnten. Ihre Bücher fanden einen bis dahin ungeahnt großen Leserkreis, da sie erstens nicht mehr in der Gelehrtensprache Latein geschrieben, zweitens durch die Erfindung des Buchdrucks für mehr Menschen erschwinglich geworden waren und drittens durch ihre farbigen, sehr präzisen Pflanzenbilder gute Bestimmungsmöglichkeiten boten.

In den folgenden Jahrhunderten führte die zunehmende Verstädterung dazu, dass immer weniger Menschen auf eigene Produkte zurückgreifen konnten, sondern auf den Markt und möglichst preiswerte Erzeugnisse angewiesen waren. Dadurch ging das über Generationen von Mutter zu Tochter, von Köchin zu Köchin tradierte Wissen über Kräuter in großem Umfang verloren. Die stets perfekter hergestellten chemischen Würzmittel und der sich steigernde Glaube an die Überlegenheit dieser Produkte über die natürlich gewachsenen, ferner der Hang zur Bequemlichkeit taten ein Übriges.

Aber seit einigen Jahrzehnten wächst die Einsicht, dass unsere chemischen Produkte in der Medizin und Ernährung auch unkalkulierbare, zuvor oft mit beachtlicher Blauäugigkeit übersehene Risiken bergen. Ferner lernten und lernen immer mehr Menschen durch die zunehmenden Reisen in mediterrane Länder deren auf frischen Produkten basierende Küche kennen und schätzen. Heute hat diese Hinwendung zu naturnahen Produkten zweifellos einen bisherigen Höhepunkt erreicht, Biolebensmittel erfreuen sich einer stets wachsenden, kaum noch zu befriedigenden Nachfrage. Nicht nur der Verstand, der uns sagt, diese Produkte seien nahrhafter und gesünder, sondern auch Nase und Gaumen, deren Fähigkeiten und Ansprüche wieder wachsen, befördern diesen Trend. Immer mehr Menschen entdecken, dass frisches Gemüse, frische Kräuter vom Markt oder aus dem eigenen Garten erheblich aromatischer als andere Produkte sind. Um fast ganzjährig wenigstens Küchenkräuter für den eigenen Bedarf frisch und ökologisch angebaut zur Verfügung zu haben, reichen ein bescheidenes Gartenbeet oder Töpfe auf dem Balkon.

Ein Zeichen für den Wandel im Denken ist auch das Auffrischen alter Bräuche. In überwiegend katholischen Regionen kann man in Stadt und Land an Mariä Himmelfahrt (15. August) wieder die Segnung bunter Kräutersträuße erleben. Seit dem 10. Jahrhundert existiert dieser Brauch, nach dem Wild- und Gartenkräuter sowie Getreide in einem Strauß mit je nach der Gegend festgesetzten Pflanzen in der Kirche Gott und vor allem Maria, der volkstümlichen Beschützerin der Kräuter, geweiht werden, um damit zu Hause allen Schaden und bösen Zauber von Mensch und Vieh fernzuhalten. Ähnlich ist es beim Palmbusch, einem an eine Haselnussrute gebundenen Büschel aus Buchs, Weidenkätzchen und Kräutern, der am Palmsonntag in der Kirche gesegnet und anschließend in den Küchengarten gesteckt wird. Bei aufziehendem Unwetter werden

RECHTE SEITE
Kräutertradition in Pfarr- und Klostergärten

Ästchen zum Schutz des Hauses und seiner Bewohner im Herd verbrannt. Erinnert sei auch noch an die bunten, vielfältigen Arrangements in den Kirchen zum Erntedankfest.

Gesundes Grün und Würzvielfalt von Wild- und Gartenkräutern

Eine mit der Zeit immer größere Anzahl Kräuter gehörte in früheren Jahrhunderten unbedingt in den Küchengarten – waren sie doch nicht nur Würzmittel, sondern zugleich jederzeit zur Verfügung stehende Heilmittel, mit denen man Alltagsbeschwerden und Krankheiten zu beheben versuchte. Außerdem wurden viele Wildkräuter wegen ihrer Heil- und Würzkraft oder als Gemüse gesammelt. Hinzu kamen weitere Pflanzen mit variierenden Geschmacksrichtungen aus fremden Ländern und von fernen Kontinenten. Das ist heute nicht anders. Natürlich gerieten Pflanzen gelegentlich wieder in Vergessenheit, da deren Gebrauch auch der Mode unterworfen ist.

Die seit einigen Jahrzehnten stets anschwellende „Grüne Welle" wird auch durch Erkenntnisse der Naturwissenschaft begünstigt, welche die bis dahin oft nur „gefühlte" Heilkraft der Pflanzen belegt.

Garten- und Wildkräuter für den eigenen Haushalt

Aus der großen Anzahl der heute angebotenen Küchenkräuter – ob althergebracht oder neu im Angebot – muss man je nach Größe des eigenen Gartens und vor allem nach eigenen Vorlieben eine Auswahl treffen. Neben den typischen Gartenkräutern kann man eine Reihe von Wildkräutern und -pflanzen wie z.B. Bärlauch, Veilchen, Waldmeister, Malve oder Königskerze in einer Gartenecke heimisch machen. Es ist heute nicht schwierig, sich von der Kräuterfrau oder dem Kräutermann auf dem Markt oder in Gärtnereien beraten zu lassen und das notwendige Wissen über die Wuchsfreudigkeit, den Standort usw. zu erfahren. Aber entscheidend ist, ob Duft, Geschmack und Aussehen des Krauts einem persönlich zusagen. Bei den mehrjährigen Stauden lohnt es sich kaum, sie selbst aus dem Samen zu ziehen, da das Angebot an kräftigen Pflanzen sehr groß ist. Beim Pflanzen ist es wichtig, auf die besonderen Wuchsbedingungen jedes Krauts zu achten. Ein gewisser variabler Grundstock sollte jedoch in jedem Garten vorhanden sein, z.B. Petersilie, Schnittlauch, Bohnenkraut, Kerbel, Liebstöckel, Melisse, Minze, Salbei, Thymian, Oregano, Estragon und Basilikum.

Da im eigenen Garten Pestizide und andere „chemische Keulen" nichts zu suchen haben, muss bei Krankheit und Schädlingsbefall auf biologische Hilfsmittel zurückgegriffen werden. Zum Beispiel helfen Brennnessel und Wermut, über ein bis zwei Tage kalt angesetzt, gegen Blattläuse und anderes Ungeziefer. Dagegen sollte man mit Pilz befallene Blätter absammeln und verbrennen. Im Zweifelsfall muss die kranke Pflanze durch eine gesunde ersetzt werden. Aber schon das scheinbare Durcheinander verschiedener Kräuter, Blumen und Gemüse, wie es in den Bauerngärten üblich war oder ist, verringert die Krankheits- und Schädlingsanfälligkeit. Ein Gartenkenner sagte deshalb von Heil- und Würzkräutern, sie seien wie der „Joker im Spiel", man platziere sie an gefährdeten Punkten überall im Garten, z.B. am Rand der Beete.

Aussehen des Kräutergartens

An Vorbildern für einen Kräutergarten mangelt es nicht: die in jeweils einem Beet angepflanzten Kräuter im alten Klostergarten oder die hinter Buchs- oder Bohnenkrauteckchen bunt gewürfelten Kräuterbeete im Bauerngarten; ferner die alte, spiralförmig angelegte Kräuterschnecke aus Bruch- oder Ziegelsteinen, die jedem Kraut den ihm passenden Platz an der Sonne bietet; Hochbeete aus Flechtzaun oder Bruchstein, oder – ganz modern – aus Eisenblech, die Pflege und Ernte bequemer machen; bei wenig Platz reichen auch Bottiche und Töpfe am Terrassenrand oder Balkonkästen. Um Anregungen zu bekommen, lohnt es sich, über Gartenzäune – auch oder gerade im Urlaub – zu schauen, um etwas Urlaubsflair im eigenen Garten zu erhalten. In südlichen Ländern findet man nämlich oft auf engstem Raum in verschiedensten Töpfen, Bottichen, Körben und Kübeln ein überquellendes, malerisches Arrangement an Kräutern und Blumen, das sich nachzuahmen lohnt.

Ernte und Haltbarmachung der Kräuter

|✂| **PFLÜCKZEIT UND VERWENDUNG IN DER KÜCHE** Ganz frisch gepflückt sind Kräuter am aromatischsten und somit am gesündesten, da sich die für das Aroma und die Heilwirkung wichtigen ätherischen Öle rasch verflüchtigen. Im Idealfall sollte man erst kurz vor der Verwendung die benötigte Menge ernten. Die beste Erntezeit ist der späte Vormittag, wenn die Sonne noch nicht ihre volle Kraft erreicht hat. Manche Kräuter darf man nicht mitkochen, sondern sollte sie erst gegen Ende der Garzeit den Speisen beigeben oder frisch darüber streuen, wie Basilikum, Dill, Kerbel, Minze, Petersilie, Sauerampfer und Schnittlauch. Andere Kräuter, wie z.B. Beifuß, Bohnenkraut, Liebstöckel, Lorbeer, Majoran, Oregano, Rosmarin, Salbei und Wermut, vertragen das Kochen gut und verstärken sogar dadurch ihr Aroma. In diesem Zusammenhang sei kurz auf das in der französischen Küche beliebte *Bouquet garni* hingewiesen: Klassisch gehört dazu ein zusammengebundenes Sträußchen aus Thymian, Lorbeer und Petersilie, das mitgekocht wird. Dieses Sträußchen kann aber z.B. durch Basilikum, Bohnenkraut, Sellerieblätter, Estragon, Rosmarin und Lauch erweitert oder mit einigen dieser Kräuter variiert werden. Bei Fischgerichten ist ein Bündelchen aus Dill, Estragon und Fenchel besonders aromatisch. Auf den Märkten werden ebenfalls gebündelte Suppenkräuter angeboten.

RECHTE SEITE
Gang durchs Jahr, vom Säen bis zum Konservieren

⚅ | VORRAT FÜR DEN WINTER Bei der sommerlichen Überfülle an Kräutern möchte man Einiges für die kräuterärmere Zeit reservieren, sei es durch Trocknen, Einfrieren, Einsalzen, in Essig oder Öl Einlegen. Nicht alle genannten Möglichkeiten sind jedoch für jedes Kraut gleich passend.

Trocknen Hierfür eignen sich Kräuter, die ihr Aroma dabei weitgehend bewahren, wie Bohnenkraut, Estragon, Lavendel, Lorbeer, Minze, Oregano, Rosmarin, Salbei und Thymian. Zum Trocknen sollte man sie gebündelt an einem warmen Platz im Dunkeln aufhängen, bis sich die Blättchen zwischen den Fingern zerreiben lassen, und sie anschließend in einer Dose lichtgeschützt aufbewahren. Wenn man sie kurz vor dem Verwenden in Wein oder Wasser einweicht, wird ihr Aroma besser aufgeschlossen.

Einfrieren Besonders gut eignet sich dieses Verfahren für folgende Kräuter: Bohnenkraut, Estragon, Kerbel, Lorbeer, Majoran, Melisse, Minze, Oregano, Petersilie, Rosmarin, Salbei und Thymian. Diese werden in kleineren Mengen vakuumverpackt oder in Eiswürfeln eingefroren.

Mit Salz konservieren Mit Salz lassen sich Kräutermischungen für winterliche Eintöpfe, Gemüse und Saucen wie zu Großmutters Zeiten herstellen, die, kalt gestellt, über Monate frisch bleiben. Dazu werden fein gehackte Kräuter, wie Basilikum, Kerbel, Petersilie, Porree und Sellerie, im Verhältnis vier Teile Kräuter zu einem Teil Salz mit etwas Pflanzenöl zu einer dickcremigen Paste verrührt. Diese wird in kleine, verschließbare Gläser gefüllt und kühl gestellt.

In Essig oder Öl einlegen Das Aroma von Würzpflanzen lässt sich sehr gut bei der Herstellung von Kräuteröl und -essig konservieren. Dafür müssen die Kräuter völlig trocken in Öl oder Essig eingelegt werden. Man lässt das Ganze etwa zwei Wochen fest verschlossen ziehen, seiht es dann ab und erhält so eine vielseitig verwendbare Würze. Folgende Kräuter kann man einzeln oder passend gemischt dazu verwenden: Basilikum, Bohnenkraut, Dill, Estragon, Kerbel, Knoblauch, Lavendel, Lorbeer, Majoran, Paprika, Rosmarin, Salbei und Thymian.

Kräuterpasten Gut bewahren auch Kräuterpasten ähnlich dem Pesto das Aroma der Pflanzen; sie sind vielseitig einsetzbar, z.B. bei Eintöpfen und Nudelgerichten. Dazu werden 200 g fein gehackte Kräuter mit etwa 20 g Salz und ¼ l Olivenöl kräftig verrührt. Die Mischung wird in Schraubgläser gefüllt, mit Öl überschichtet und kalt gestellt. Einzeln oder in passender Mischung eignen sich Basilikum, Bärlauch, Kerbel, Oregano, Petersilie, Salbei und Thymian.

Keimlinge und Sprossen Als Vitaminspender im Winter kann man die Samen z.B. von Kresse, Getreide, Mungo, Senf, Soja und anderen im Keimgerät, auf feuchtem Küchenpapier oder in einer mit Torf gefüllten Schale keimen lassen und in gemischten Salaten, Frischkäse und Saucen als herzhaft-knackige Beigabe nutzen.

RECHTE SEITE
Es ist Pflanzzeit.
UNTEN
Gewürze in Töpfen vor einem alten Klostertreibhaus

DIE
PFLANZEN

ANIS
PIMPINELLA ANISUM
Brotsamen, Runder Fenchel,
Süßer Kümmel

Anisplätzchen – bereits im römischen Kolosseum ein Knabbergebäck

Rezepte
**TEE BEI
ERKÄLTUNGEN UND
HUSTEN**
1 EL Samen mit ¼ l ko-
chendem Wasser über-
gießen, zehn Minuten
ziehen lassen.

ANISBROT
5 Eier, 150 g Zucker, 1 TL
Anissamen, 250 g Mehl,
1 TL Öl, 1 Messerspitze
Hirschhornsalz, 1 Prise
Salz, Zitronenguss.
Eier und Zucker so lange
schlagen, bis eine cremige
Masse entsteht, die weiteren Zutaten vorsichtig
unterrühren. Das Ganze
auf einem großen Back-
blech auf Backfolie gleich-
mäßig ausstreichen und
im vorgeheizten Backofen
bei 180 bis 200 °C goldgelb
backen. Noch im warmen
Zustand mit Zitronenguss
überpinseln und in
schmale, vier bis fünf Zentimeter lange Streifen
schneiden. Nach dem Ab-
kühlen in einer verschlossenen Dose aufbewahren.

KRÄUTERLIKÖR
30 g Anissamen, 400 g
Rohzucker- oder Ahorn-
sirup, ¾ l Kornschnaps.
Die Zutaten in den Korn
füllen und kräftig schüt-
teln, bis sich der Zucker
aufgelöst hat. Vier Wochen
ziehen lassen, abfiltern.
Gekühlt als Aperitif
servieren.

**VORANGEHENDE
DOPPELSEITE LINKS**
*Verschlossenes Törchen am
alten Klostergarten*
LINKE SEITE
*Anis: von der Blüte zum
Samen*
**NACHFOLGENDE
DOPPELSEITE LINKS**
*Anis gehört zu den
Doldenblütlern.*
**NACHFOLGENDE
DOPPELSEITE RECHTS**
*Bärlauch ist mit der
Zwiebel verwandt.*

|➢| **WISSENSWERTES** Schon früh war den Menschen die positive Wirkung des Anis in Speisen und Getränken bekannt. Zumindest seit 1500 v. Chr. verwendeten die Ägypter die im östlichen Mittelmeerraum heimische Pflanze. Die Römer bauten sie dann großflächig in der Toskana an, gewiss nicht nur für ihre Anis-Kümmelküchlein (*mustaceus*). Diese wurden von Archäologen auch im Kolosseum ausgegraben, weil die Besucher vermutlich bei allzu grausamen Szenen das beruhigende Gebäck verzehrten. Karl der Große sorgte mit seiner Anordnung im *Capitulare de villis* (812) dafür, dass Anis auf den kaiserlichen Gütern ange-baut wurde. Von den Klostergärten kam er als Würz- und Heilmittel in die Bauerngärten. In den Kräuterbüchern der „Väter der Botanik" wird Anis als Heilmittel hoch gepriesen.

|➢| **AUSSEHEN UND MERKMALE** Die einjährige, filigrane Pflanze, die etwa 30 bis 40 Zentimeter hoch wächst, hat aromatische, unten breitere, oben schmale, gezähnte Blättchen und zierliche, weiße Blüten in Doppel-dolden. Ihre kleinen, halbmondförmigen Samen reifen im Hochsommer und verbreiten den typisch süßlichen Anisgeruch. Sonne und kalkhal-tigen Boden liebt das zierliche Kraut, das sich auch gut zu mehreren Pflänzchen im Topf ziehen lässt.

|➢| **INHALTSSTOFFE UND WIRKUNG** Hauptbestandteil vor allem der Früchte sind Cumarine und das ätherische Öl Anethol, das den Duft er-zeugt. Es wirkt schleim- und krampflösend, appetitanregend und verdau-ungsfördernd.

|➢| **VERWENDUNG IN DER KÜCHE** Aufgrund der Wirkung finden wir Früchte oder Kraut in Hustenbonbons, Teemischungen, Likören und Schnäpsen – wie Pernot, Ouzo und Raki – und auch im Lebkuchen-gewürz. Man kann den Samen bei manch anderem Weihnachtsgebäck wie Springerle und Anisplätzchen, aber auch, ganz oder gemahlen, in Currygerichten, für Schalentiere oder eingelegte Gewürzgurken ver-wenden. Mit den Blüten lassen sich Fruchtsalate dekorieren und ver-feinern. Einige junge Blättchen geben Roten Rüben und gemischtem grünem Salat einen angenehmen, etwas anderen Geschmack; klein gehackte weiche Stängel verleihen Suppen und Eintöpfen eine besondere Würze.

Umbelliferae.

442. *Pimpinella Anisum L.* **Anis.**

121. A. *Allium ursinum L.* Bären-Lauch.

B. *Allium nigrum L.* Schwarzer Lauch.

BÄRLAUCH
ALLIUM URSINUM
Waldknoblauch, Hexenzwiebel,
Bärenlauch

Nicht nur für Bären ein saftiger Frühlingsgenuss

Rezepte

BÄRLAUCHPESTO

300 g junge Bärlauchblät-
ter, je 100 g gemahlene
Walnüsse und Mandeln,
8 EL geriebener Parme-
san, 200 ml Olivenöl,
Meersalz und gemahlener
schwarzer Pfeffer.
Den Bärlauch im Mixer
zerkleinern, Zutaten nach
und nach untermischen.
Das Ganze in Gläser mit
Schraubdeckel füllen. Im
Kühlschrank ist der wür-
zige Pesto, der als Brotauf-
strich, in Saucen und Salaten vielseitig verwendbar
ist, mehrere Wochen halt-
bar.

WILDKRÄUTERSALAT
MIT ERDBEEREN

Je 100 g junge Löwenzahn-
blätter und Mausohrsalat,
2–3 Blättchen Bärlauch,
2–4 junge Brennnessel-
blättchen, 150 g Erdbee-
ren (eventuell Walderd-
beeren), geviertelt.
Gezupfte Löwenzahn- und
Mausohr-, gehackte Bär-
lauch- und Brennnessel-
blätter in einer Schüssel
mischen.
Dressing: 100 ml Apfel-
saft, 2 EL Honig, 1 TL süßer bayrischer Senf, 1 EL
fein gehackte Koriander-
blättchen, 4 EL Rapsöl.
Alle Zutaten verrühren,
den gemischten Salat da-
mit anmachen, zum
Schluss die Erdbeeren
vorsichtig unterheben.

LINKE SEITE
Saftiger junger Bärlauch
mit sternförmigen, weißen
Blütchen

|>·| **WISSENSWERTES** Seinen Namen verdankt der Bärlauch alten Er-
zählungen, nach denen die aus dem Winterschlaf erwachten Bären sich
als Erstes eine kräftige Mahlzeit dieses Krauts gönnen. Schon früh haben
auch Menschen Bärlauch verzehrt, denn in jungsteinzeitlichen Siedlungen am Bodensee fanden Ausgräber Bärlauchreste. Die Römer
schätzten ihn bei Magenbeschwerden und als Blutreinigungskur im Frühjahr.

|>·| **AUSSEHEN UND MERKMALE** Mit seinen vielen schneeweißen,
sternförmigen Blütchen in kugeligen Dolden und den kurzstieligen, ellip-
tischen Blättern ist der Waldknoblauch in lichten Buchenbeständen
kaum zu übersehen, vor allem, da er seine Existenz durch seinen Duft
weiträumig ankündigt. Die Blätter können leicht mit den hochgiftigen
Blättern der Maiglöckchen verwechselt werden, doch riechen diese nicht
nach Knoblauch. Wenn die Dolden grüne Samen tragen, zieht sich die
Pflanze in den Boden zurück; kleine, einzelnen Knoblauchzehen ähnliche
Zwiebeln überdauern. In einer Gartenecke, eventuell unter Sträuchern,
sollte man ein paar Pflänzchen einen Platz gönnen, um im Frühjahr die
saftigen jungen Blättchen bequem zur Hand zu haben.

|>·| **INHALTSSTOFFE UND WIRKUNG** Die Wirksamkeit des Bärlauchs
ist der des Knoblauchs ähnlich, aber die Inhaltsstoffe sind nicht so reich-
haltig. Auch Bärlauch senkt den Cholesterinspiegel und mindert Früh-
jahrsmüdigkeit. Am wirksamsten ist er in frischem Salat oder als Press-
saft.

|>·| **VERWENDUNG IN DER KÜCHE** Seit einigen Jahren erfährt das lange
Zeit kaum beachtete Kraut eine Renaissance. Vorwiegend frische junge
Blätter werden in Salaten, für Gemüse und Fleischspeisen direkt als
Würze genutzt oder zu einem Bärlauchpesto verarbeitet. Leider verliert
Bärlauch durch Erhitzen ebenso wie durch Einfrieren sein scharfes, wür-
ziges Aroma und viel von seinem hohen Vitamin C-Gehalt, ist dann aber
ein mildes Gemüse, das wie Spinat angerichtet werden kann.

BASILIKUM
OCIMUM BASILICUM
Königsbalsam, Basilienkraut,
Suppenbasil, Krampfkräutel

Essig und andere Kräuter mag die „Diva" nicht,
im Olivenöl dagegen badet sie mit Vergnügen.

Rezepte
**TEE BEI VERDAUUNGS-
BESCHWERDEN**
1 EL frische Blättchen
Basilikum und eventuell
zwei bis drei Blättchen
Pfefferminze mit ¼ l ko-
chendem Wasser übergie-
ßen, zehn Minuten ziehen
lassen, abseihen.

**„SCHLANKER PESTO"
MIT BASILIKUM
(EINE KALORIEN-
ARME VARIANTE)**
1 kleine Knoblauchzehe,
1 Bund Basilikumblätt-
chen, ½ Bund Petersilie,
½ Bund Schnittlauch, Salz
und Pfeffer, 30 g geröstete
Mandeln, 3 EL Olivenöl,
40 g geriebener Parmesan,
100 g Naturjoghurt.
Knoblauchzehe und Ge-
würze im Mixer zerklei-
nern, gemahlene Mandeln,
Öl und Parmesan kräftig
unterrühren, Joghurt
einrühren. Ist in Schraub-
gläsern im Kühlschrank
begrenzt haltbar.

LINKE SEITE
*Variationen vom krausen
bis zum feinblättrigen
Basilikum*
**NACHFOLGENDE
DOPPELSEITE LINKS**
*So vielfältig wie die
Basilikumarten ist auch
die Verwendung in der
Küche.*
**NACHFOLGENDE
DOPPELSEITE RECHTS**
*Appetitanregend und
verdauungsfördernd sind
alle Beifußarten.*

|➤| **WISSENSWERTES** Die würzige Pflanze galt in Indien und im Nahen Osten als heiliges Kraut der Götter. Eine christliche Legende übernahm den Gedanken, indem sie den „Königsbalsam" erstmals am Grab des Auferstandenen wachsen ließ. Seit Jahrtausenden jedoch wird die Pflanze im ganzen Mittelmeerraum als Heil- und Würzkraut kultiviert.

|➤| **AUSSEHEN UND MERKMALE** Wegen seiner Herkunft aus Indien ist Basilikum extrem kälteempfindlich. Die buschige, 20 bis 40 Zentimeter hohe Pflanze mit glänzenden, ovalen, gesägten Blättchen und weißen bis rosafarbenen Lippenblütchen kann deshalb bei uns nur einjährig gezogen werden, im Sommer am besten wegen des Aromas draußen in einem Topf an einem windgeschützten Platz in der Nähe der Küche, im Winter auf dem Fensterbrett.

Aus verschiedenen Ländern kamen im Lauf der Zeit andere Verwandte des Krauts hinzu: z.B. aus Mexiko Basilikum mit olivfarbenen Blättern und starkem Zimtgeschmack, aus Indonesien Zitronenbasilikum mit gelblichen Blättchen, aus Griechenland kleinstblättriges „Miniatur-Basilikum", das wegen seines hohen Gehalts an Nelkenöl einen stärkeren exotischen Duft verbreitet.

|➤| **INHALTSSTOFFE UND WIRKUNG** Ätherisches Öl, Gerbstoffe, Flavonoide und Kaffeesäure sind wesentliche Bestandteile des Basilikums. Daher hilft das „Krampfkräutel" bei Magenbeschwerden, Blähungen und Verdauungsstörungen. In der Ayurveda-Medizin spielt Basilikum eine wichtige Rolle.

|➤| **VERWENDUNG IN DER KÜCHE** Am besten verwendet man frische oder auch schonend getrocknete Blättchen, die ihren Duft recht gut bewahren. Dabei ist zu beachten, dass sich der Geschmack – anders als bei den meisten Kräutern – beim Kochen verstärkt.

Frische Blättchen, gezupft, nicht geschnitten, passen zu grünem, zu Gurken- und Tomatensalat mit Mozzarella, zu gegrilltem Fisch als Füllung oder Garnierung, zu Kräuterbutter, Pizza, Pasta etc. Eine Schnitte Brot oder ein halbes Brötchen mit Tomatenscheiben und dünn geschnittenem Mozzarella belegt und mit Basilikumblättchen bestreut, mit ein wenig Olivenöl und frisch gepresstem Knoblauchsaft beträufelt, ist eine ausgesprochen leckere Zwischenmahlzeit. Getrocknet würzen die Blättchen Lamm und anderes stark schmeckendes Fleisch.

BEIFUSS
ARTEMISIA VULGARIS

Rustikale Fleischgerichte waren ohne Beifuß nicht denkbar.

|»| **WISSENSWERTES** Beifußblätter im Schuh verhindern das schnelle Ermüden der Füße, schreibt der römische Schriftsteller Plinius († 79 n. Chr.). Daher rührt wohl auch unser Name für die Pflanze. Die Germanen jedoch umgürteten sich zur Sonnenwendfeier mit diesem magischen Kraut, warfen den Bändel dann ins lodernde Feuer und wähnten sich gegen Krankheiten gefeit. Sie verwendeten das Kraut aber auch ohne magische Gesten als Heil- und Würzpflanze; das Öl der Blütenknospen war eine wichtige Ingredienz beim Bierbrauen.

|»| **AUSSEHEN UND MERKMALE** Diese nahe Verwandte von Eberraute, Estragon und Wermut wächst als einheimische Pflanze häufig an Wegrändern und auf Schuttplätzen, lässt sich aber auch problemlos im Garten kultivieren. Die aromatische, intensiv duftende, bis zu 150 Zentimeter hohe Pflanze mit dekorativen, tiefgesägten Blättern an langen, aufrechten Stängeln mit kleinen, kugelförmigen, dunkelgelben bis bräunlichen Blütchen ist in der hinteren sonnenbeschienenen und trockenen Ecke eines Kräuterbeetes ein echter Blickfang. Nur wenn der Standort sonnig ist, färben sich die Stängel der Pflanze rot.

|»| **INHALTSSTOFFE UND WIRKUNG** Den wertvollsten Inhaltsstoff, das duftende ätherische Öl Cineol, enthalten die Blüten, die Blätter dagegen Bitterstoffe, die das Verdauen und die Verträglichkeit fetter Speisen erleichtern.

|»| **VERWENDUNG IN DER KÜCHE** Rustikale, fettreiche Fleischgerichte waren früher ohne Beifuß oft nicht denkbar. Heute ist er etwas in Vergessenheit geraten. Man sollte ausprobieren, ob man das Aroma mag, und, falls ja, sich nicht scheuen, Suppen, Saucen und Fleisch – vor allem Gans und Wildschwein – mit einem Ästchen mit Blüten zu würzen. Das ein wenig bittere Kraut, das allerdings milder als Wermut schmeckt, sollte zu Beginn der Garzeit zugegeben werden.
Auf den Wochenmärkten wird auch Gyros-Beifuß angeboten, eine buschige, schöne Pflanze mit weichen, nadelförmigen, grau-grünen, teils verzweigten Blättchen. Wie der Name verrät, eignet sich das Kraut vor allem zum Würzen von Gyrosgerichten.

LINKE SEITE
Historische Darstellung des Beifuß

Rezepte
GEWÜRZTÖRTCHEN MIT BEIFUSS
300 g Fertigblätterteig, 3 dicke Zwiebeln, 80 g Bauchspeck, 4 EL Olivenöl, je 1 EL Beifuß, Kerbel und Schnittlauch, 170 g würziger Hartkäse, 4 Eier, 200 ml Saure Sahne, Salz und Muskat. Den Blätterteig in passende Stücke schneiden und auf Backpapier in kleine Kuchenformen drücken; mit Alufolie bedeckt bei 200 °C etwa zehn Minuten vorbacken. Die klein geschnittenen Zwiebeln mit dem gewürfelten Bauchspeck in dem Olivenöl andünsten, abkühlen lassen; dann die fein gewiegten Kräuter, den geriebenen Käse, die Eier, die Sahne, das Salz und den Muskat untermischen, das Ganze auf die Törtchen verteilen und bei 180 bis 190 °C ca. 15 Minuten goldgelb backen. Die Menge reicht auch für eine Quicheform.

MEHRJÄHRIGES
SATUREJA MONTANA &
EINJÄHRIGES
BOHNENKRAUT
SATUREJA HORTENSIS

Bauernpfeffer-, Suppen-, Wurst- und Käsekraut, Josefle, Kölle, Gartenysop

Von den Römern als Gewürz entdeckt und hochgeschätzt

Rezepte

BEKÖMMLICHER, WOHLSCHMECKENDER MAGEN- UND DARMTEE

1–2 TL frische oder getrocknete Blättchen mit ¼ l kochendem Wasser übergießen, zehn Minuten ziehen lassen, nach dem Abseihen warm trinken.

BOHNENKRAUTÖL

Frisches Bohnenkraut in einem verschließbaren Glas mit Olivenöl übergießen und nach etwa zwei Wochen abseihen. Das aromatische Öl ist als Würzmittel für Gemüsesuppen, Bohnensalat und Grillgut verwendbar.

BOHNENSALAT MIT SCHAFKÄSE

500 g frische Brechbohnen, 1 kleine, fein gehackte Zwiebel, 1 gepresste Knoblauchzehe, 3 EL Weinessig, 3 EL Olivenöl, Salz, Pfeffer, etwa 10 grob zerzupfte Blätter Basilikum, 15–20 Blättchen Bohnenkraut, 100 g in kleine Würfel geschnittener Schafkäse, 50 g klein gehackte Walnusskerne. Bohnen putzen, in mundgerechte Stücke schneiden und im geschlossenen Topf, mit Wasser bedeckt, ca. zehn Minuten garen; Zwiebel, Knoblauch, Essig, Öl, Salz und Pfeffer verrühren und mit den Kräutern, dem Schafkäse und den Nüssen unter die abgekühlten Bohnen mischen.

LINKE SEITE
Die Römer entdeckten die Würzkraft des Bohnenkrauts.
FOLGENDE DOPPELSEITE LINKS
Blühendes Bohnenkraut
FOLGENDE DOPPELSEITE RECHTS
Borretsch – Würze und Blickfang

WISSENSWERTES Beide Bohnenkrautarten wachsen im Mittelmeerraum wild und wurden von den Römern als vielseitiges Würzmittel genutzt. Nach Ovid verwendete man sie als Aphrodisiakum. Diese Wertschätzung des Bohnenkrauts teilten auch die Kräuterväter: *Bohnenkraut ... sind Wurtz zu aller speiß* (Hieronymus Bock, 1546) *und bringt die vnkeusche begirde auff die bahn* (Andrea Mattioli, 1563).

AUSSEHEN UND MERKMALE Man unterscheidet zwei Arten: Das einjährige, intensiv duftende, etwa 25 Zentimeter hohe Sommerbohnenkraut und das etwas kleinere, buschige, strenger schmeckende Berg- oder Winterbohnenkraut. Letzteres lässt sich gut beschneiden und eignet sich deshalb auch als Beeteinfassung, lässt sich aber ebenso problemlos im Blumentopf ziehen. Beide Sorten haben kleine, weiß-bläuliche Lippenblüten und lanzettenförmige, ledrige Blättchen. Am besten gedeiht der „Südländer" an einer sonnigen Stelle, denn nur dann entfaltet er sein volles Aroma.

INHALTSSTOFFE UND WIRKUNG Bohnenkraut enthält stark duftende ätherische Öle sowie Bitterstoffe, die für Geschmack und Heilkraft verantwortlich sind. Bei Bienen- oder Wespenstichen vermindert die adstringierende und antiseptische Wirkung Schmerz und Schwellung, wenn man einige Blättchen auf der Stichstelle zerdrückt.

VERWENDUNG IN DER KÜCHE Das Kraut passt, wie sein Name sagt, zu allen Bohnengerichten, aber auch zu Kartoffelsuppe und anderen Eintöpfen. Zucchini, mit Bohnenkraut gewürzt, schmecken besonders pikant, ebenso etwa zwei Stunden in Bohnenkrautöl marinierte Grillhähnchenschenkel und anderes Grillgut. Bohnenkraut, das auch getrocknet sein Aroma gut behält, hilft außerdem Salz zu sparen.

BORRETSCH
BORAGO OFFICINALIS
Wohlgemut, Gurkenkraut,
Borgelblüten, Liebäuglein

Borretsch macht den Menschen fröhlich und tröstet sein Herz. **ALTER SPRUCH**

Rezepte
KANDIERTE BLÜTEN
Blüten mehrmals in kaltes Zuckerwasser tauchen und nach jedem Mal im Warmen auf Küchenpapier trocknen lassen.

BLÜTEN MIT „ZUCKERREIF"
Blüten mit mäßig geschlagenem Eierschnee überpinseln und in Zucker tauchen, sie bleiben jedoch nur ein paar Stunden hübsch.

GURKENSALAT MIT FRISCHEN BORRETSCHBLÄTTCHEN UND -BLÜTEN
1 mittelgroße Salatgurke. Für das Dressing: 1 EL gehackte Borretschblättchen, 1 TL gehackte Dillblättchen, 1 TL Schnittlauchröllchen, 2 EL Apfelessig, 6 EL Olivenöl, Pfeffer und Salz, 6–8 Blüten. Die Gurke in Scheiben schneiden. Die Dressingzutaten mit Öl und Essig verrühren, über die Gurkenstücke träufeln und den Salat mit den Blüten verzieren.

BORRETSCHTEE ALS BEKÖMMLICHER SCHLAFTRUNK
3 TL frische Blätter mit ¼ l kochendem Wasser übergießen, zehn Minuten ziehen lassen, abseihen, mit 1 TL Honig und einer Scheibe Zitrone würzen, warm trinken.

LINKE SEITE
Die sternförmigen Blüten des Borretschs sind sehr dekorativ.

|➤| **WISSENSWERTES** Die Pflanze stammt ursprünglich aus Kleinasien, wurde aber bereits von den Römern kultiviert, die ihr anregende Wirkung nachsagten. Umstritten ist die Herkunft des Namens; manche leiten ihn von dem keltischen Wort *borrah*, das Mut bedeutet, ab. Plinius († 79 n. Chr.) überliefert die Pflanze mit dem aus dem Griechischen abgeleiteten Namen *Euphrosynum*, was der älteren deutschen Bezeichnung *Wohlgemut* entspricht. In einem Konversationslexikon des 18. Jahrhunderts liest man: Das Kraut heiße *Wohlgemuth, weil es Freude und guten Mut machet.*

|➤| **AUSSEHEN UND MERKMALE** Borretsch gehört zur Familie der Raublattgewächse. Die dekorative, bis zu 60 Zentimeter hohe, ausladende Pflanze mit ihren borstigen, kräftigen Stängeln, den bis zu zehn Zentimeter langen, behaarten, ovalen Blättern und den auffälligen, meist himmelblauen Sternblütchen, ist eine echte Gartenzier. Einmal heimisch, sät sie sich immer wieder selbst aus, aber meist nicht an der gleichen Stelle, da Ameisen den Samen verschleppen. Man sollte ein paar Pflanzen dort stehen lassen, wo man sie haben möchte. Man kann sie aber auch im Kübel, z.B. zusammen mit anderen Blütenpflanzen, ziehen.

|➤| **INHALTSSTOFFE UND WIRKUNG** Borretsch hat einen hohen Anteil an Kalium und Kalzium, enthält außerdem Gerbstoffe, Saponine und ein wenig ätherisches Öl. In Ligurien, dem Kräutergarten Italiens, wird Borretsch als Gewürz besonders geschätzt. Vor allem die Blüten sind reich an Kalium und Kalzium, sie haben eine stimulierende Wirkung und gelten als hervorragendes Herzstärkungsmittel. Wegen des Reichtums an Mineralsalzen eignen sich Blüten und Blätter aber auch zur Unterstützung einer salzarmen Diät. Die im Borretsch enthaltenen Pyrrolizidinalkaloide gelten allerdings als leberschädigend, so dass von zu häufigem Genuss größerer Mengen abgeraten wird.

|➤| **VERWENDUNG IN DER KÜCHE** Die leuchtend blauen Blüten sind nicht nur eine hübsche Garnierung in Blatt- oder Fruchtsalaten sowie – kandiert – auf Kuchen, sie schmecken auch lecker. Außerdem können sie zum Färben von Lebensmitteln genutzt werden, z.B. von Zuckerguss. Die frischen, fein gehackten jungen Blättchen mit ihrem leichten Gurkenaroma passen in verschiedene Blatt- oder Gurkensalate, in Kräuter- oder Remouladensaucen. Die zarten ganzen Blättchen geben auch gekühlten Sommergetränken eine angenehm frische Note.

GROSSE BRENNNESSEL
URTICA DIOICA
Donner-, Haber-, Haar-, Sau-, Tausend-, Hanfnessel, Eselskraut

Zu Unrecht als Unkraut verschrien!

Rezepte
BRENNNESSELTEE ALS FRÜHJAHRSKUR
Fünf ca. zehn Zentimeter lange Brennnesseltriebe in ½ l Wasser aufbrühen, etwa zehn Minuten ziehen lassen. Über den Tag verteilt als Frühjahrskur trinken. Alternativ: Das ganze Kraut im Frühjahr sammeln, trocknen, davon 2 TL zehn Minuten ziehen lassen.

BRENNNESSEL-SPINATSUPPE MIT SAURER SAHNE FÜR 4 PERSONEN
2 kleine Zwiebeln, 1 mittlere Knoblauchzehe, 3 mehlig kochende Kartoffeln, 2 EL Olivenöl, 100 g frische oder tiefgefrorene Spinatblätter, 100 g junge Brennnesselblätter (mit Handschuhen ernten und waschen), je 1 TL gehackte Salbei- und Liebstöckelblätter, 1 EL Petersilie, 1 l Gemüsebrühe, Salz, Muskat, geröstete Weißbrotwürfelchen, 4 EL Saure Sahne.
Die gehackten Zwiebeln und die Knoblauchzehe mit den in Würfel geschnittenen Kartoffeln in heißem Öl anbraten, Spinat, Brennnesselblätter und Gewürzkräuter untermischen und mit der Gemüsebrühe übergießen. Etwa acht Minuten zugedeckt kochen, bis die Kartoffeln weich sind, dann mit dem Mixstab pürieren, mit Salz und Muskat abschmecken, mit einigen goldgelb gerösteten Weißbrotwürfeln überstreut und je 1 EL Saurer Sahne servieren.

LINKE SEITE
Brennnesseln erobern die Gartenecke.
FOLGENDE DOPPELSEITE LINKS
Brennnessel, ein Kraut, das es in sich hat
FOLGENDE DOPPELSEITE RECHTS
Brunnenkresse, früher ein wichtiger Vitaminlieferant

|➤| **WISSENSWERTES** Im von ihnen ungeliebten Norden sollen sich römische Legionäre Arme und Beine mit Brennnesseln abgerieben haben, um sich zu wärmen und den Kreislauf anzuregen. Sich in Brennnesseln zu wälzen, galt späteren Generationen als probates Mittel, allzu heißes Liebesbegehren zu dämpfen. Es ist leicht nachzuempfinden, dass die „Tausendnessel" dabei Gedanken und Wünschen abrupt eine neue Richtung wies. Eine sehr praktische Rolle spielte die „Hanfnessel" seit der Bronzezeit. Aus den Bastfäden der Stiele wurde der „Arme-Leute"-Nesselstoff gewebt oder wurden Seile gedreht. Mit dem Pflanzensud ließ sich außerdem Stoff grün einfärben.

|➤| **AUSSEHEN UND MERKMALE** Die ganze ausdauernde Pflanze – der kantige Stängel sowie die gezahnten, ovalen Blätter – ist mit Brennhaaren übersät, die bei Berührung abbrechen und wie Nadeln in die Haut eindringen. Die enthaltene Säure sorgt für die bekannten Quaddeln. Bei beherztem Zupacken brennen die Brennhaare aber kaum. Als Kulturfolger des Menschen wächst sie an Gartenzäunen oder in der hintersten Ecke des Gartens in der Nähe des Komposthaufens auf nährstoffreichen Böden. Auch in einem gepflegten Garten sollte man der Brennnessel einen kleinen Raum zubilligen, durch Kappen der Wurzelausläufer aber ihr Ausbreiten verhindern. Schneidet man sie vor der Blüte zurück, hat man über lange Zeit junge Blätter für die Küche und genügend Substanz für Ungezieferspritzmittel, v.a. gegen Blattläuse, und für düngende Pflanzenjauche.

|➤| **INHALTSSTOFFE UND WIRKUNG** Die Blätter sind reich an Vitamin C, verschiedenen B-Vitaminen sowie Mineralsalzen wie Kalium, Kalzium und Kieselsäure; die unscheinbaren, graugrünen Früchte enthalten Proteine, Schleim, fettes Öl und ungesättigte Fettsäuren, die Brennhaare selbst Histamin und Ameisensäure, die das Brennen erzeugen. Werden die Blätter gedünstet oder gekocht, verlieren sie ihre Brennhaare, ebenso, wenn man sie fein gehackt Salatmischungen beigibt.

|➤| **VERWENDUNG IN DER KÜCHE** Frische junge, klein gehackte Brennnesselblätter zusammen z.B. mit Löwenzahn, Mausohr- und anderen Blattsalaten ergeben eine interessante Mischung. Aus den jungen Trieben kann man im Frühjahr eine Suppe oder Spinat zubereiten, der durchaus – vor allem da die Staude ungedüngt ist – in Nährwert und Geschmack mit dem Blattspinat konkurrieren kann.

BRUNNENKRESSE
NASTURTIUM OFFICINALE
Wassersenf, Pfefferkraut

Delikatesse und gesunde „Frühjahrskur"

LINKE SEITE
Brunnenkresse auf dem Kräutermarkt

Rezepte

GEFLÜGELSALAT MIT BRUNNENKRESSE FÜR 2 PERSONEN

400 g Hähnchenbrustfilet, ½ kg grüner Spargel, 300 g Brunnenkresseblättchen, 2–3 klein gehackte Petersilienästchen, 250 g Kirschtomaten, 3 EL geröstete Mandelblättchen. Dressing: 6 EL kalt gepresstes Öl, je 2 EL Zitronen- und Orangensaft, 1 TL Balsamico-Essig, 1 TL mittelscharfer Senf, Salz und Pfeffer.

Die gesalzenen und gepfefferten Hähnchenbrustfilets in heißem Öl von jeder Seite vier bis fünf Minuten braten, aus dem Bräter nehmen; den Spargel (eventuell teilweise schälen) in ½ Zentimeter dicke Scheiben schneiden und bei mittlerer Hitze fünf bis sechs Minuten in demselben Topf zart garen, herausnehmen; Kresse und Petersilie grob hacken, Tomaten halbieren. Die Mandelblättchen in einem kleinen Topf mit etwas Öl kurz goldgelb rösten.

Ein Dressing aus den angegebenen Ingredienzien anrühren, mit Salz und Pfeffer abschmecken. Die erkaltete Hähnchenbrust in Streifen schneiden, den gegarten Spargel, die Tomaten und Kräuter untermischen, mit Dressing beträufeln und mit Mandelblättchen bestreuen.

|⊱| WISSENSWERTES Seit dem Altertum war Brunnenkresse als Heil- und Gewürzpflanze geschätzt. Hildegard von Bingen (1098–1179) empfahl sie bei schlechter Verdauung. Der Kräutervater Hieronymus Bock (1546) sah in ihr ein Mittel, das *faule Zechbrüder munder und wacker* macht.

|⊱| AUSSEHEN UND MERKMALE Früher war wild wachsende Brunnenkresse an Rändern von Quellen und Bachufern häufig anzutreffen, denn sie liebt klares, sauberes, fließendes Wasser und leicht kalkhaltiges Erdreich. Die circa 20 Zentimeter hohe, auch im Winter grüne, buschige Staude mit ihren saftigen, eirunden, gefiederten Blättchen, den kleinen Kreuzblüten und langen Schoten mit Samenkörnchen ist eine unauffällige Pflanze, die zur Familie der Kressegewächse gehört, wie ihr scharfwürziger Geschmack verrät. Leider ist sie aufgrund der gesunkenen Wasserqualität in der Natur nur noch selten zu finden, lässt sich aber im Garten mit ein wenig Mühe in einer nicht zu flachen Schale mit torffreier, kalkhaltiger Erde, die ständig durchnässt sein sollte, am besten an einem halbschattigen Platz ziehen. Da sie kurzlebig ist, tut man gut daran, immer wieder Stecklinge einzusetzen. Die Pflänzchen werden auf Wochenmärkten häufig während des ganzen Sommers angeboten.

|⊱| INHALTSSTOFFE UND WIRKUNG Ätherisches Öl, Senfölglykoside, Gerb- und Bitterstoffe, reichlich Vitamin A, C, D und E, Jod und eine ganze Palette von Mineralsalzen bietet die Pflanze. Daher ist die Echte Brunnenkresse für eine „Frühjahrskur" besonders gut geeignet. Zudem wirkt die Pflanze verdauungsfördernd.

|⊱| VERWENDUNG IN DER KÜCHE Die Qualität des Krauts erkennt man an seinen Blättern: Je größer und dunkler sie sind, desto nährstoffreicher ist die Kresse. Bei der Frühjahrskur verzehrt man am besten über vier Wochen täglich einige junge Triebspitzen in einem milden Salatdressing oder gehackt in Frischkäse. Auch sonst werden in der Küche hauptsächlich die klein geschnittenen Spitzen der jungen Triebe als herzhafte Würze verwendet, die scharf riecht und schmeckt und der Pflanze den Namen Pfefferkraut eingebracht hat. Die hübschen, saftigen Blätter sind in Eier- oder Endiviensalat mehr als nur ein grüner Farbtupfer – wegen ihres hohen Vitamin C-Gehalts und der weiteren Inhaltsstoffe sind sie eine sehr gesunde Zutat. Die Samen können bei Fleischgerichten als Würze dienen.

DILL
ANETHUM GRAVEOLENS
Gurken-, Murken-, Kappern-, Hexenkraut, Dillfenchel, Gurkenkümmel

Rezepte

TEE AUS DEN FRÜCHTEN BEI SCHLAFLOSIGKEIT, VERDAUUNGSBESCHWERDEN UND BLÄHUNGEN, AUCH FÜR SÄUGLINGE SEHR GEEIGNET

1 TL frisch gequetschte Dillfrüchte mit einer Tasse kochendem Wasser übergießen, fünf Minuten ziehen lassen, abseihen.

GEBEIZTER LACHS MIT SENFSAUCE (EIN TRADITIONELLES SKANDINAVISCHES GERICHT)

800–1000 g frischer Lachs, 3 EL Meersalz, 3 EL Zucker, 1 TL zerstoßene Pfefferkörner, 2 EL Brandy, 6 EL gehackte Dillblättchen.
Lachs reinigen, enthäuten, in zwei Hälften zerlegen und sämtliche Gräten entfernen; mit Salz-, Zucker-, Pfeffer- und Brandygemisch einreiben; eine Lachshälfte in einem flachen Gefäß auf 2 EL ausgestreuten Dill legen, 2 weitere EL des Gewürzes darüber streuen, die zweite Lachshälfte darauf schichten und mit dem restlichen Dill bestreuen; den Lachs mit Folie bedecken und mit einem beschwerten Teller abdecken. 24 Stunden im Kühlschrank ziehen lassen.
Senfsauce: 2 EL Dijonsenf, 1 TL Honig, 2 EL Weinessig, 3 EL Olivenöl, 2 EL gehackte Dillblättchen.
Aus den Zutaten eine Sauce anrühren; den Lachs aus dem Kühlschrank nehmen, die Marinade abtupfen, den Fisch schräg in dünne Scheiben schneiden und mit Sauce beträufelt servieren.

LINKE SEITE
Schon im Klostergarten fühlte sich die hohe duftende Pflanze wohl.

FOLGENDE DOPPELSEITE LINKS
Dill mit seinen filigranen Blättern, Doldenblüten und Samen, ein Würz und Heilkraut

FOLGENDE DOPPELSEITE RECHTS
Eberraute, ein Würz-, Heil- und Zauberkraut

Mineralsalzreicher Dillsamen erleichtert eine salzfreie Diät.

WISSENSWERTES Der aus Vorderasien stammende Dill war bei Ägyptern, Griechen und Römern ein vertrautes Heil- und Würzkraut. In der Schweiz fand man bereits in jungsteinzeitlichen Siedlungen Dillsamen. Ob die Nutzung in Vergessenheit geriet und erst durch die Benediktiner neu belebt oder nur verstärkt wurde, ist ungeklärt. Seit dem Mittelalter ist die Tradition ungebrochen. Hinzu kam die Vorstellung von der magischen Kraft des Dills, denn im Volksglauben genügt sein Duft, um Hexen von Mensch und Tier abzuwehren. Er soll außerdem vor Blitzeinschlag schützen.

AUSSEHEN UND MERKMALE Als Kind des Südens liebt der einjährige Dill einen sonnigen Platz, seine Füße aber mögen feuchtes Erdreich. Der schlanke, 50 bis 120 Zentimeter hohe Stängel der Pflanze wird gekrönt von einer ausladenden Dolde voll gelblicher Blütchen und später ovalen Samen; die Blättchen sind filigran und blaugrün. Dill lässt sich auch leicht in einem großen Blumentopf mit anderen Kräutern ziehen.

INHALTSSTOFFE UND WIRKUNG Die Blätter sind reich an ätherischen Ölen, an Carvon, das den Dillgeruch bewirkt, und Limonen; die Samen enthalten ebenfalls ätherisches Öl, Kalzium, Phosphor und andere Mineralsalze. Deshalb eignen sie sich für eine salzfreie Diät. Dill wird insgesamt eine beruhigende, stressabbauende, gleichzeitig auch entzündungshemmende und appetitanregende Wirkung nachgesagt.

VERWENDUNG IN DER KÜCHE In der Küche verwendet man das ganze Kraut. Frische Dillblättchen wie auch unreife, noch weiche Früchte passen gut zu Fischgerichten, Salaten und Käse. Die gesamte Blüten- und Fruchtkrone eignet sich zum Würzen von Essiggurken. Das charakteristische Dillaroma verträgt sich jedoch absolut nicht mit anderen Gewürzen, passt aber zu sehr vielen Speisen, da es deren Eigengeschmack verstärkt. Der fenchelähnlich riechende und schmeckende Samen passt, mitgekocht, zu Eintöpfen, Suppen, gegrilltem und gekochtem Fisch, während die Blättchen das Erhitzen nicht vertragen. Da das Kraut auch beim Trocknen sein Aroma verliert, empfiehlt es sich, die Blättchen in Eiswürfeln einzufrieren.

Zitronen Eberraute

zitronig Duftend
dekorative Würz und
Heilpflanze mit
zierlichen graugrünen
feinzerteilten Blätter
und unscheinbaren
Blüten

EBERRAUTE
ARTEMISIA ABROTANUM
Stabwurz, Zitronenkraut

Wer das Besondere im Garten und Kochtopf liebt, gebraucht die Eberraute.
EIN WEISER KRÄUTERMANN

LINKE SEITE
Duftende Eberraute ziert auch einen alten Blumengarten.

Rezepte
LAMMSPIESSE MIT EBERRAUTE
1 halbe entbeinte Lammkeule, 1 mittelgroße Zwiebel, 1 Knoblauchzehe, 1 EL Eberrautenblätter, 1 TL Liebstöckelblätter, 1 TL Petersilie, 1 EL Rosmarinblättchen, je 5 EL Olivenöl und Rotwein, 3 kleine Zwiebeln (für den Spieß), 1 Büschel Rosmarin (für die Glut).
Das Fleisch in Würfel für den Spieß schneiden; die klein gehackte Zwiebel, den Knoblauch, die Kräuter, das Öl und den Wein vermischen und über das Fleisch gießen; die Marinade über Nacht im Kühlschrank einwirken lassen. Die Fleischwürfel abwechselnd mit Zwiebelringen aufspießen und anschließend grillen; während des Grillens Rosmarinzweige auf der Grillglut verbrennen.

|→| **WISSENSWERTES** Die Eberraute stammt aus Vorderasien. Walahfrid Strabo (808/809–849) zog sie bereits in seinem Klostergarten als Heilmittel gegen Rheuma und Gicht. Wegen ihres intensiven Geruchs zählte sie ursprünglich auch zu den hilfreichen Kräutern, mit denen man böse Geister von Haus und Hof abwehrte. In manchen Gegenden gehört sie heute noch in den Kräuterstrauß zu Mariä Himmelfahrt (15. August).

|→| **AUSSEHEN UND MERKMALE** Die Eberraute, ein kleiner, unten verholzter, buschiger, mehrjähriger Strauch mit feinen, fiederteiligen Blättchen, ist eine sehr dekorative Zier-, Gewürz- und Heilpflanze. Ihre kleinen, gelben Doldenblütchen kommen jedoch in unserem gemäßigten Klima kaum zum Blühen. An einem sonnigen, aber geschützten Platz fühlt sie sich besonders wohl. Durch Stecklinge lässt sich das „Zitronenkraut" ganz einfach ziehen. Man sollte ihm als wohlriechender Duftpflanze eine Stelle neben dem eigenen Lieblingsplatz im Garten einräumen. Reibt man nämlich die zarten Blättchen, riechen sie kräftig nach Zitrone.

Die Edelraute, eine nahe Verwandte, zeichnet sich durch einen noch würzigeren Geruch aus. In Frankreich wird sie Chartreuse genannt; sie ist ein Hauptbestandteil des gleichnamigen Likörs. Mit ihren krausen, dunkelgrünen Blättern und kräftig gelben Blütendolden ist sie im Garten oder auf dem Balkon aber auch eine sehr dekorative Pflanze.

|→| **INHALTSSTOFFE UND WIRKUNG** Die Eberraute, die zur bitterwürzigen Gattung der Artemisiengewächse gehört, enthält ätherisches Öl (Absinthol), Bitter- und Gerbstoffe, Rutin und Cumarine. Deshalb wurden die Blättchen in der Volksmedizin eingesetzt, um die Gallen- und Leberfunktion anzuregen. Ein Sträußchen Eberraute, in Küche und Kammer aufgehängt, hält Fliegen und Motten fern.

|→| **VERWENDUNG IN DER KÜCHE** Die Eberraute ist kein Gewürz für alle Tage, aber sie setzt köstliche Akzente bei Geflügelfüllungen, Saucen und Remouladen, wenn man die jungen Blättchen und Triebspitzen maßvoll verwendet. Sie eignen sich auch, um fettes Fleisch bekömmlicher zu machen.

ESTRAGON
ARTEMISIA DRACUNCULUS
Draban, Bertram-, Drachen-, Schlangen-, Eierkraut

Die französische Küche komme ohne Estragon nicht aus, sagt man.

|➤| **WISSENSWERTES** In Arabien, dem Land der Gewürze, war Estragon im Mittelalter eine geschätzte Heil- und Würzpflanze. Genueser Kaufleute brachten das Kraut im 13. Jahrhundert nach Italien. Zur Zeit Ludwigs XIV. (1638–1715) war es in Frankreich ein wichtiges Gewürz und wurde bald von den Bewunderern des Sonnenkönigs auch in Deutschland heimisch gemacht.

|➤| **AUSSEHEN UND MERKMALE** Diese aromatisch duftende, mehrjährige Staude, verwandt mit anderen würzigen Artemisien, wird leicht zu einem etwa einen Meter hohen Strauch mit schlanken Ästen, lanzettenförmigen, saftig grünen Blättchen und kleinen, unscheinbaren, grünlichen Blütenköpfchen, die sich in unseren Breiten selten ganz öffnen. Angeboten wird heute hauptsächlich der nicht ganz winterharte französische Estragon, der sein süßeres Aroma dem höheren Gehalt an ätherischem Öl verdankt, oder der robustere, winterharte russische Estragon, der in seiner Heimat auch wild wächst.

|➤| **INHALTSSTOFFE UND WIRKUNG** Estragon gehört mit seinem charakteristisch herben Geschmack zu den besten Küchenkräutern und sollte entweder im Kräutergarten oder als Topfpflanze griffbereit sein. Das Kraut enthält ätherisches Öl, Gerb- und Bitterstoffe, Vitamin A und C, Jod und Mineralsalze. Die Blättchen gelten in der Volksmedizin als harntreibend und verdauungsfördernd. Weitaus wichtiger aber ist die Pflanze als Gewürz. Sie sollte jedoch möglichst frisch, eventuell tiefgefroren, aber nicht getrocknet verwendet werden.

|➤| **VERWENDUNG IN DER KÜCHE** Estragon ist neben Kerbel und Petersilie eines der *Fines Herbes de Provence*. Manche Leute behaupten sogar, die französische Küche sei ohne dieses Gewürz gar nicht denkbar – so gehört das Kraut zu Sauce Béarnaise und Hollandaise, passt zu Eierspeisen und Kürbisgemüse, zu Geflügel und Fisch. Am besten entfaltet sich sein Aroma in Verbindung mit Säure, z.B. in einem Kräuteressig oder wenn man die Blättchen mit etwas Zitronensaft beträufelt. Wegen des würzigen Aromas tut man gut daran, die fein gehackten Blättchen recht sparsam zu verwenden.

Rezepte
ESTRAGONESSIG (BESONDERS AROMATISCH FÜR FEINE SALATE)
Eine weithalsige Flasche locker mit einigen Estragonästen füllen, mit Weinessig übergießen, etwa zehn Tage ziehen lassen, abseihen.

OMELETTE MIT FEINEN KRÄUTERN FÜR 2 PERSONEN
6 Eier, 2 EL Milch, 1 Prise Salz, je 1 TL Estragon, Schnittlauch, Petersilie, Kerbel, 2 EL Distelöl. Die Eier in einer Schüssel mit der Milch, dem Salz und den klein gehackten Kräutern verrühren; das Öl in einer Pfanne erhitzen und die Ei-Kräutermasse hineingießen. Sobald das Omelette auf der Unterseite nicht mehr flüssig ist, mit dem Pfannenheber drehen, damit auch die andere Seite stockt. Auf vorgewärmten Tellern mit einigen frischen Kräutern verziert servieren.

LINKE SEITE
Estragon gehört in jeden Kräutergarten.
FOLGENDE DOPPELSEITE LINKS
Estragon im Garten
FOLGENDE DOPPELSEITE RECHTS
Junger Knollenfenchel im Garten

GEWÜRZFENCHEL
FOENICULUM VULGARE VAR. DULCE &
GEMÜSEFENCHEL
FOENICULUM VAR. AZORICUM
Britsamen, Brotsamen, Brotanis

Fenchel, ein Gemüse für Feinschmecker und Kalorienbewusste

Rezepte

FENCHELSALAT MIT BRUNNEN- ODER GARTENKRESSE

1 frische Fenchelknolle, 1 kleiner Salatkopf, 1 Bündel Brunnen- oder Gartenkresse, 1 Orange, 1 leicht säuerlicher Apfel. Dressing: 6 EL Olivenöl, Saft einer Orange, 1 TL Dijonsenf, 1 TL zerdrückter Fenchelsamen, Salz und Pfeffer.
Alle Dressing-Zutaten mit einer Gabel gut durchrühren, mindestens zehn Minuten ziehen lassen. Die in dünne Scheiben geschnittene Fenchelknolle (die härteren Teile werden weggelassen), den gezupften Salat, die Kresse, die in kleine Stücke geschnittene Orange und den ebenfalls klein geschnittenen Apfel in einer Schüssel mischen und mit dem nochmals gerührten Dressing übergießen.

LINKE SEITE
Fenchel: vom jungen Trieb über die Blüte zur Knolle
UNTEN
Fenchelsamen

|✳| **WISSENSWERTES** Der ursprünglich im Mittelmeerraum beheimatete Fenchel ist eine der ältesten Kulturpflanzen und „von Kopf bis Fuß" nutzbar. Hildegard von Bingen (1098–1179) schwärmte geradezu von ihm: Man könne ihn roh oder gekocht essen, in jeder Zubereitung heitere er den Menschen auf und fördere die Verdauung. Für Tabernaemontanus (1588) ist er sogar etwas Besonderes für Feinschmecker.

|✳| **AUSSEHEN UND MERKMALE** Im Garten werden gewöhnlich der einjährige Gewürzfenchel und der zweijährige Gemüsefenchel, auch Knollenfenchel genannt, mit ihren zwiebelartig verdickten Blattscheiden angebaut. Die sich zart blaugrün färbenden, haarfein geteilten Fiederblättchen – beim Bronzefenchel bronzefarben – könnten leicht mit Dill verwechselt werden, aber Geruch und Geschmack korrigieren den Irrtum schnell. Die Pflanze mit ihren goldgelben Blütchen, die zu leicht gekrümmten, aromatisch duftenden Samen reifen, gehört wie viele andere Gewürze zur Familie der Doldengewächse. Sie gedeiht am besten auf nährstoffreichem Boden mitten im Gemüsebeet.

|✳| **INHALTSSTOFFE UND WIRKUNG** Dass Fenchel durch und durch gesund ist, belegen die Inhaltsstoffe – hauptsächlich die ätherischen Öle Anethol und Fenchol, Vitamin C und B, Beta-Carotin, Folsäure, Proteine, Mineralien wie Eisen, Magnesium, Kalium, Kalzium und Kieselsäure. Tee aus zerstoßenem Fenchelsamen regt den Appetit an, fördert die Verdauung, befreit, ungesüßt, Säuglinge von Blähungen und lindert Husten und Heiserkeit. 1 TL Fenchelsamen setzt Hormone frei, die den Fettabbau fördern – heutzutage sicher ein besonders wichtiger Aspekt.

|✳| **VERWENDUNG IN DER KÜCHE** Diese in südlichen Ländern beliebte, kalorienarme, bekömmliche Pflanze hat inzwischen zu Recht auch bei uns Freunde gefunden. Fenchelknollen sind vielfältig zu verwenden: als unaufdringliches feines Gemüse, das sich variantenreich anrichten lässt, gedünstet, überbacken oder gekocht. Außerdem verleiht die Knolle, frisch und klein gehackt, gemischtem Salat einen besonderen Pfiff. Mit den jungen, frischen Blättern lassen sich Fischgerichte und Tomaten-, Gurken- und Blattsalate verfeinern.

Umbelliferae.

440. *Aegopodium Podagraria L.* Gemeiner Giersch.

GIERSCH
AEGOPODIUM PODAGRARIA
Geißfuß, Gichtkraut

Unbesiegbares Unkraut, aber auch echte Heil- und Würzpflanze

WISSENSWERTES Wer ihn im Garten hat, aber nicht in einem gut abgegrenzten Eckchen, wünscht ihn auf den Blocksberg. Es kursiert zwar der Spruch, im Frühling sei der Giersch ein Jüngling, im Herbst jedoch ein Greis, den man fast bezwingen könne. Aber eben nur fast. Werden ein paar Wurzelästchen übersehen, beginnt der Kampf aufs Neue. Ist es dann nur schwarzer Humor und reiner Opportunismus, dass man den Unbezwingbaren für heil- und küchentauglich erklärt? Das muss man eindeutig verneinen.

AUSSEHEN UND MERKMALE Je nach Wachstumsbedingungen wird der Giersch mit seinen gefiederten, zugespitzt eiförmigen Blättern an langen Stielen und seinen zierlichen, weißen Doldenblüten 20 bis 80 Zentimeter hoch und kann mit seinem Aussehen den Unwissenden durchaus erfreuen. Soll er nicht die Oberhand im Garten gewinnen, da er sich mit seinem Wurzelgeflecht in alle Pflanzenwurzeln hineindrängt, muss man ihm energisch zu Leibe rücken. Einigermaßen erfolgreich gelingt das im Herbst oder unter Hecken und Stauden mit Rindenmulch und Mulchfolie.

INHALTSSTOFFE UND WIRKUNG Der „Geißfuß", wie er der Blattform nach heißt, enthält ätherisches Öl und Bitterstoffe, deshalb wurde das „Gichtkraut" seit langer Zeit in der Volksmedizin als Heilkraut verwendet. So wurden die jungen Blättchen als nierenanregendes Mittel gegessen und Umschläge aus zerquetschten Blättern bei Gicht und Rheuma aufgelegt.

VERWENDUNG IN DER KÜCHE Der Schrecken der Gärtner ist viel besser als sein Ruf: Die jungen, frischen, ausgesprochen würzigen, süßlich aromatischen Blättchen, die ein wenig an Petersilie erinnern, sind als entwässerndes und somit blutreinigendes Kraut im Frühlingssalat durchaus empfehlenswert und unauffällig, wenn man sie wegen ihres intensiven Geschmacks fein gehackt und in Maßen in z.B. mit Löwenzahn gemischtem Salat verzehrt. Ferner kann man Giersch sparsam als Würze in Suppen und Gemüse verwenden, außerdem eignen sich die Blätter als hübsche Verzierung von Fleisch- und Fischplatten. Wer es etwas herber mag, kann sich aus wenigen Blättern auch einen blutreinigenden Tee aufgießen.

Rezepte
FRÜHLINGSSALAT
3 Stangen klein geschnittener Chicorée, 1 säuerlicher Apfel, 6 fein gewiegte junge Gierschblättchen, einige gezupfte Blättchen Löwenzahn, 4 Blättchen Bärlauch, 50 g geröstete Mandelblättchen, einige Frühlingsblumen wie Veilchen, Gänseblümchen, Schlüsselblumen. Salatdressing: 1 EL Balsamico-Essig, 1 EL Sojasauce, 5 EL Olivenöl, 1 TL Dijonsenf, Salz und Pfeffer.
Aus den Dressing-Zutaten ein Dressing anrühren. Chicorée, Apfelstücke und Kräuter in der Salatschüssel mischen, mit Dressing überträufeln und mit den gerösteten Mandelblättchen und den Blüten bestreuen.

LINKE SEITE
Mit seinen zierlichen Doldenblüten ist der Giersch durchaus attraktiv anzusehen.

FOLGENDE DOPPELSEITE LINKS
Giersch, eine dekorative Pflanze, die die Freude am Garten verleiden kann

FOLGENDE DOPPELSEITE RECHTS
Holunderstrauch, Hüter des alten Gartens

SCHWARZER HOLUNDER
SAMBUCUS NIGRA
Holder, Holler, Hollerbusch, Schwarzer Flieder, Eller, Ellhorn, Alhorn

Blüten und Früchte – ein wiederentdeckter Genuss

LINKE SEITE
Holunderimpressionen

Rezepte

FRITTIERTE HOLUN-DERBLÜTEN

14 abgespülte, abgetrock-nete Holunderblüten, Öl zum Frittieren, Puder-zucker zum Bestreuen. Teig: 100 g Mehl, 1 EL Pflanzenöl, 150 ml lau-warmes Wasser, 1 Prise Salz, 1 Eiweiß, steif ge-schlagen.
Aus Mehl, Öl, Wasser und Salz einen dünnflüssigen Teig rühren, dann etwa zwei Stunden in den Kühl-schrank stellen. Kurz vor dem Verwenden das steif geschlagene Eiweiß unter-heben. Die Holunderdolden einzeln am Stielchen in den Teig tauchen, bei 180 °C jede Dolde für sich frittieren, da sie sonst gedrückt würden, auf Kü-chenpapier abtropfen las-sen und mit Puderzucker bestreuen.

HOLUNDERPERLWEIN (NACH DEM REZEPT EINER BAYERISCHEN BÄUERIN)

1 kg Zucker, 8–10 große frische Holunderblüten, Saft von 2 Zitronen und die in Streifen geschnit-tene Schale einer unbe-handelten Zitrone, 6 l Wasser.
Alle Zutaten – die Holun-derblüten ohne Stiel und ungewaschen, da sonst der Blütenstaub mit der Hefe verloren geht – in ein großes Glas- oder Plastik-gefäß füllen und so lange schwenken, bis sich der Zucker aufgelöst hat; vier bis sechs Tage verschlos-sen gären lassen, absei-hen, in Flaschen mit dich-tem Verschluss gießen und einige Tage nachgären lassen. Eiskalt servieren.

|➣| **WISSENSWERTES** Der Schwarze Holunder war wie keine andere Pflanze im Bereich des bäuerlichen Anwesens von Aberglaube und Sagen umrankt. Die Verehrung des Hollerbuschs reicht bis in heidnische Zeiten. Er galt als Wohnsitz des guten, hilfreichen Hausgeistes und bot einen wirksamen Schutz gegen Dämonen und Hexen, stand aber darüber hinaus, wie der Spruch *Der Holler ist die Apotheke des Einödbauern* belegt, als Heilpflanze hoch im Kurs.

|➣| **AUSSEHEN UND MERKMALE** Der robuste, anpassungsfähige Groß-strauch, der manchmal auch ein krummwüchsiger, kleiner Baum wird, hat unpaarig gefiederte Blätter. Anfang Juni öffnen sich am Ende der Zweige kleine, weiße Blütensternchen in schirmflachen Trugdolden und verbreiten einen intensiven, für manche Nase etwas unangenehm süß-lichen Duft. Im Spätsommer werden daraus schwarze, kugelige Früchte.

|➣| **INHALTSSTOFFE UND WIRKUNG** Die Blüten enthalten ätherisches Öl, Flavonolen, Schleim, Gerbstoffe und Hefe. Die reifen Beeren sind reich an Mineralien wie Kalium, Kalzium, an Koffeinsäure und an Vita-min A, B1, B6 und C und erhöhen dadurch die Widerstandskräfte. Sie sollten aber nicht roh verzehrt werden, da das zu Übelkeit führen kann. Tee aus frischen oder getrockneten Blüten hilft bei Erkältungen, Grippe und Bronchitis.

|➣| **VERWENDUNG IN DER KÜCHE** Frittierte Holunderblüten sind ein besonderer Leckerbissen. Saft aus den Beeren ist vielseitig verwendbar: heiß getrunken als wohltuendes Getränk bei Erkältung oder mit Schnaps und Zucker angesetzt als besonders aromatischer Likör zu Süßspeisen und Eis. Vom sogenannten Holunderwein, der im bäuerlichen Betrieb gern als Erfrischungsgetränk aufs Feld mitgenommen wurde, wird gar behauptet, er sei *eines der herrlichsten Erfrischungsgetränke, die je gebraut wurden* mit einem Geschmack wie Muskatellertrauben.

INDIANERNESSEL
MONARDA DIDYMA
Monarde, Pferdeminze, Gold- oder Bienenmelisse, Bienenbalsam, Rote Melisse

Mehr als eine auffällige Gartenblume

|⇒| **WISSENSWERTES** Ihren wissenschaftlichen Namen erhielt die Pflanze nach dem spanischen Botaniker Monardes, der ihr allerdings zunächst 1569 den Namen Bergamotte gab, da sie ihn wegen ihres Aromas an italienische Bergamottebirnen erinnerte. Die Indianer des Ontariosees bereiteten damals aus der wilden Monarde, einem in Nordamerika heimischen Kraut, Tee. Nach der Boston Tea Party von 1773 wurde dieser mangels des gewohnten schwarzen Tees, auf den eine Steuer gezahlt werden sollte, auch von den weißen Amerikanern getrunken.

|⇒| **AUSSEHEN UND MERKMALE** Die mehrjährige Staude mit ihren federbuschartigen Blüten in verschiedenen Farbschattierungen von Hellrosa über Feuer- bis Dunkelrot treibt den ganzen Sommer bis in den Herbst hinein immer neue Blütenkörbchen. Die meist leicht gezähnten, ovalen, aromatischen Blätter ähneln denen der Taubnessel, haben aber in Geruch und Geschmack Ähnlichkeit mit Pfeffer- und Zitronenminze. Die anspruchslose Pflanze gedeiht gut im Topf oder Kübel, braucht aber einen nährstoffreichen, feuchten Standort, wenn sie über den ganzen Sommer blühen soll. Wenn man sie im Herbst kräftig zurückschneidet, wächst sie zu einer buschigen, bis 90 Zentimeter hohen Staude heran. Blüten und Blätter der verwandten Rosenmonarde (*Monarda fistolosa*) verströmen einen kräftigen, wunderbar prickelnden Duft nach Damaszenerrosen. Deshalb empfiehlt es sich, die Blätter in der Küche an Stelle von Rosenwasser, z.B. bei Lammfleisch, zu verwenden. Die Blüten beider Monarden eignen sich für verschiedene Süßspeisen, Blüten wie Blätter zum Aromatisieren von Tee.

|⇒| **INHALTSSTOFFE UND WIRKUNG** Der antiseptische Wirkstoff Thymol in den Blättern bringt Linderung bei Husten und Bronchitis.

|⇒| **VERWENDUNG IN DER KÜCHE** In England werden Blüten und Blätter – frisch oder getrocknet – seit langem unter dem Namen Bergamotte vielfältig verwendet, da beide beim Trocknen weder Farbe noch Duft verlieren. Man streut die zarten, pfeffrig schmeckenden Blütenblätter als besondere Farbtupfer auf grünen Salat, auf Fruchtsalat, ja sogar auf den Zuckerguss von Kuchen oder in einen Aperitif. Frische junge Blätter, sparsam Salaten und Füllungen untergemischt oder Marmeladen und Limonaden zugesetzt, geben den Speisen einen aparten Geschmack. Der Tradition ist man natürlich am nächsten, wenn man mit den Blättern einen Tee aufgießt, der auch bei Blähungen hilft und beruhigt.

Rezepte
TEE
Zwei bis vier Blättchen mit ¼ l kochendem Wasser übergießen, zehn Minuten ziehen lassen.

FRUCHTSALAT MIT INDIANERNESSEL-BLÜTEN
2 nicht zu reife Pfirsiche, 1 säuerlicher Apfel, 200 g kernlose Trauben, 2 bis 3 Datteln, klein geschnitten, 1 EL gehackte und geröstete Mandeln, 2 EL dünnflüssiger Honig, 1 Päckchen Vanillezucker, 1–2 EL Indianernesselblüten, 4–6 Blättchen Zitronenmelisse.
Die Pfirsiche häuten, den Apfel schälen, beide Fruchtsorten in Stücke schneiden. Die Trauben halbieren; die Früchte in eine Salatschüssel zusammen mit den Dattel- und Mandelstückchen geben, den Honig, den Vanillezucker und die Hälfte der Blüten dazugeben. Das Ganze mischen und mit den Melisseblättchen und den restlichen Indianernesselblüten verzieren.

LINKE SEITE
Feurig glühende Indianernessel, eine duftende Augenweide
FOLGENDE DOPPELSEITE LINKS
Die Indianernessel mit farbenprächtigen, duftenden Blüten gehört zu den dekorativsten Gartenkräutern.
FOLGENDE DOPPELSEITE RECHTS
Kapuzinerkresse ist lecker und hübsch anzusehen.

KAPUZINERKRESSE
TROPAEOLUM MAJUS

Guck-über-den Zaun, Indische Kresse, Kleine Feuerwerkerin, Blume aus Peru, Blume der Liebe

Ein farbenfroher Augenschmaus mit pfefferscharfem Geschmack

|➤| **WISSENSWERTES** Erst gegen Ende des 17. Jahrhunderts wurden Samen der Indischen Kresse von dem Holländer Bewerning nach Europa gebracht.

|➤| **AUSSEHEN UND MERKMALE** „Kleine Feuerwerkerin" heißt die Kapuzinerkresse, weil man an heißen Sommerabenden kleine elektrische Entladungen wie Feuerfunken an der Blüte sehen kann.
Auf leichtem, humushaltigem Boden, aber auch in Bottichen gedeiht die einjährige Pflanze mit ihren sattgrünen, schirmartigen Blättern und den vielen gelb-rot-orangefarbenen Blüten. Die Blüten besitzen einen langen Sporn an der Rückseite, so dass sie wie eine Mönchskapuze wirken – der Grund für den ersten Namensbestandteil der Pflanze. Sie treibt über den ganzen Sommer bis in den Spätherbst hinein immer wieder neue Blüten; daraus bilden sich je drei grüne, gerillte Kapselfrüchte. Ihre Gegenwart am Fuß gefährdeter Bäume ist Schutzschild gegen Blutläuse; auch Schnecken, Raupen und Ameisen verwehrt sie den Zutritt zu Gemüse- und Blumenbeeten.

|➤| **INHALTSSTOFFE UND WIRKUNG** Benylsenföl, Vitamin C und Eisen sind die wesentlichen Inhaltsstoffe der Kapuzinerkresse; vor allem das Senföl in den Blättern ist für die desinfizierende und antibiotische Wirkung des Krauts verantwortlich. Deshalb eignet es sich als unterstützendes Heilmittel bei Bronchitis, Grippe, Erkältungen und Infekten der Harnwege. Weil es aber bei übermäßigem Verzehr zu Magen-Darmreizungen kommen kann, sollte man die Verwendung nicht übertreiben.

|➤| **VERWENDUNG IN DER KÜCHE** Blüten und klein gehackte junge Blätter schmecken kresseartig scharf und erfreuen Auge und Gaumen in Salaten, Eierspeisen und Kräutersaucen. Die Tatsache, dass sich die Kapuzinerkresse auch gut im Balkonkasten ziehen lässt und durch ihren rankenden Wuchs einem kleinen Balkon den Schein eines Gartens verleiht, lädt dazu ein, Rezepte mit Blättern und Blüten selbst auszuprobieren.

Rezepte
BUNTER SALAT MIT KAPUZINERKRESSE-BLÜTEN
1 Kopf Eichblattsalat, 1 kleine Gurke, 4 Radieschen, 1 rote Paprika, je 1 TL Schnittlauchröllchen und Petersilie, 5 Kapuzinerkresseblüten.
Dressing: 2 EL Apfelessig, 4 EL Olivenöl, 1 Messerspitze süßer Senf, Salz und Pfeffer.
Aus den Dressing-Zutaten eine Salatsauce anrühren. Salat zerpflücken, Gurke und Radieschen in Scheiben, Paprika in schmale Streifen schneiden. Mit den Kräutern in einer Schüssel mischen, das Dressing darübergießen und das Ganze mit zerzupften Blüten bestreuen.

LINKE SEITE
Schneckenabwehr in Signalfarben mit erfrischend würzigem Geschmack

452. Anthriscus Cerefolium. Hoffm. **Garten-Kerbel.**

KERBEL
ANTHRISCUS CEREFOLIUM
Suppenkraut, Kucherlkraut, Kufelkraut

Kerbel, eines der fines herbes *der französischen Küche, gewinnt bei uns wieder zunehmend Freunde.*

LINKE SEITE
Kerbel mit seinen fein gefiederten Blättern gehört in jeden Kräutergarten.

FOLGENDE DOPPELSEITE LINKS
Würziger Kerbel lässt sich schon früh im Garten ernten. (So war er ein Würzmittel der Fastenspeisen.)

FOLGENDE DOPPELSEITE RECHTS
Knoblauch lässt sich gut lagern.

Rezepte

KERBEL-KRÄUTER-BUTTER

Je 1 EL klein gehackte Kerbelblättchen, Brunnenkresse und Petersilie mit 250 g weicher Butter und einer zerquetschten Knoblauchzehe vorsichtig vermischen. Nach Bedarf portionieren und kalt stellen.

KERBELSÜPPCHEN

¾ l Gemüsebrühe, ¼ l Saure Sahne, 4 EL gehackte Kerbelblätter, Salz und Pfeffer, einige Indianernesselblüten. Die Gemüsebrühe erhitzen, die Sahne und den Kerbel zugeben und mit Salz und Pfeffer abschmecken. Vor dem Servieren aufschäumen und mit einigen Blütenblättchen bestreuen.

SIZILIANISCHE SAUCE

Je 1 Bund Kerbel, Basilikum, Minze, 1 EL Kapern, 2 Sardellenfilets oder 2 EL Sardellenpaste, Olivenöl in entsprechender Menge, Salz und Pfeffer. Abgezupfte Blätter der Kräuter, Kapern und Sardellen im Mixer zerkleinern, soviel Öl zugeben, dass eine dickflüssige Paste entsteht, mit Salz und Pfeffer abschmecken. Im verschlossenen Glas und im Kühlschrank aufbewahrt, hält sich die Sauce drei bis vier Wochen. Sie eignet sich wie Pesto als Pastasauce oder als Grundlage für ein Salatdressing.

|⇒| **WISSENSWERTES** Vermutlich wurde der Kerbel von den Römern, die ihn als Heil- und Würzpflanze schätzten, nach Mitteleuropa gebracht. Jedenfalls ist er Walahfrid Strabo (808/809–849) sowie Hildegard von Bingen (1098–1179) und später den sogenannten Kräutervätern des 16. und 17. Jahrhunderts als Heil- und Küchenkraut wohl bekannt. Adam Lonitzer, einer der Kräuterväter, hielt Kerbel sogar für ein unbedingtes „Muss" in jedem Garten.

|⇒| **AUSSEHEN UND MERKMALE** Als Wild- und als Kulturpflanze wächst der unscheinbare einjährige Kerbel mit seinen farnartigen, hellgrünen Blättchen, die sich im Spätsommer leicht rötlich färben, und den kleinen, weißen Blütendolden überall in Europa. Er entfaltet sein feines petersilie- und myrrheähnliches Aroma am intensivsten, wenn er im Halbschatten steht. Deshalb kann man ihn auch gut in einer Terrassenecke im Topf ziehen. Schneidet man die Blütentriebe immer wieder zurück, entwickelt er sich zu einer buschigen Pflanze. Den wilden Wiesenkerbel sollte man jedoch wegen der Verwechslungsgefahr mit anderen giftigen Doldenblütlern nicht verwenden.

|⇒| **INHALTSSTOFFE UND WIRKUNG** Die wichtigsten Bestandteile des Kerbels sind sein ätherisches Öl Estragol und Bitterstoffe, daneben Vitamin C, Karotin, Eisen und Magnesium.

|⇒| **VERWENDUNG IN DER KÜCHE** Kerbel lässt sich in der Küche vielfältig verwenden. Er bereichert Salate, Saucen, Gemüse (z.B. grüne Bohnen) oder wird über glasierte Karotten gestreut. Für Geflügel nennt bereits der römische Gourmet Apicius ein Rezept mit Kerbel, auch Fischgerichte bekommt das Kraut. Man sollte es aber stets nur frisch verwenden, da es beim Trocknen sein Aroma weitgehend einbüßt. Es ist auch ratsam, es bei Gekochtem oder Braten erst gegen Ende der Garzeit in den Topf zu geben.

KNOBLAUCH
ALLIUM SATIVUM
Knofel, Gruserich, Knuflock, Alterswurzel, Stinkewurzel

Ein ebenso gesundes wie vielseitiges Gewürz mit kleinem Fehler

|➤| **WISSENSWERTES** Wie bei vielen alten Heilpflanzen ist die ursprüngliche Heimat des Knoblauchs umstritten, der Nutzen aber nicht. Nach Herodot wurden die Arbeiter beim ägyptischen Pyramidenbau mit beachtlichen Mengen von Knoblauch und Zwiebeln vor Krankheiten und Seuchen bewahrt. Ebenso kannten und schätzten römische Legionäre diese Wirkung. Bei uns hieß es in Pestzeiten: *Eßt Knoblauch un Bibernell, (so) sterbt's nitt so schnell!* Dem Knoblauch sagte man außerdem einen wirksamen Schutz von Haus und Hof und Bewohnern gegen Schadenzauber und Missgunst nach.

|➤| **AUSSEHEN UND MERKMALE** Wie Zwiebel, Lauch, Schnitt- und Bärlauch gehört Knoblauch zu den Liliengewächsen. Aus den im Frühjahr in den Boden gesetzten Knoblauchzehen treiben grasartige, 15 bis 30 Zentimeter lange Blätter und ein etwa gleichlanger Blütenschaft mit blassrosa bis weißlicher Blüte, die meistens wie ein Vogelkopf mit langem spitzem Schnabel aussieht. Um die neue Hauptzwiebel bilden sich im Laufe des Sommers zahlreiche weißkantige Nebenzwiebeln, auch Zehen genannt. Da Knoblauch eine ausdauernde Pflanze ist, kann man ihn auch im Garten überwintern lassen.

|➤| **INHALTSSTOFFE UND WIRKUNG** Hauptbestandteil ist das intensiv duftende ätherische Öl Allicin, das antibiotisch wirkt, dann die Vitamine A, B 1, B 3 und C, ferner Fermente. Diese Kombination von Inhaltsstoffen bewirkt insgesamt eine bessere Durchblutung, senkt bei täglichem Verzehr den Cholesterinspiegel und das Risiko von Herz-Kreislauf-Erkrankungen und Infarkten.

|➤| **VERWENDUNG IN DER KÜCHE** Knoblauch hat – vor allem roh – einen strengen, scharfen Geschmack, ist aber als Würzmittel – gepresst, klein gehackt, in Scheiben geschnitten oder als ganze Zehe (mit-)gedünstet – gebraten oder gekocht in einer Vielzahl von Speisen kaum zu ersetzen. Zusammen mit anderen Kräutern in Öl eingelegt, bekommt Knoblauch einen sehr milden Geschmack. Sein Aroma verfeinert verschiedenste Fleischsorten – nicht nur Hammel, Lamm, Kaninchen –, außerdem Kartoffelgerichte, Gemüse, Salate und Saucen; trotzdem bleibt die Verwendung dieses hervorragenden Gewürzes durch den nachhaltigen Geruch seiner Konsumenten in unserer Gesellschaft problematisch. Wenn man nach dem Verzehr einige Blättchen Minze, Basilikum oder Petersilie kaut, schwächt das die Außenwirkung ab. Der wirksamste Schutz gegen den Geruch wäre der flächendeckende Gebrauch wie in mediterranen Ländern.

KNOBLAUCHSRAUKE, LAUCHKRAUT
ALLIARIA PETIOLATA
Knoblauchkraut, Lauchhederich

Ein Knoblauchpflänzchen für zartere Gemüter

WISSENSWERTES Anders als Knoblauch verrät sich das Lauchkraut nicht, wenn man in seine Nähe kommt. Erst beim Zerquetschen oder Zerkleinern der Blätter bildet sich Senföl; dadurch entsteht dann der typische Geruch und Geschmack.

AUSSEHEN UND MERKMALE Die unscheinbare, zweijährige, 20 bis 90 Zentimeter hohe Pflanze findet man in Laubwäldern, an Wegrändern und im Halbschatten von Hecken und Gebüsch. Mit ihren grob gezackten, herzförmigen Blättchen und den im zweiten Jahr aufblühenden, kleinen Kreuzblüten ist sie recht unauffällig, da sie erst beim Zerreiben der saftigen, weichen Blättchen zart nach Knoblauch duftet. Wenn man sie in einer Gartenecke wachsen lässt, sät sie sich selbst aus, und man kann im Frühjahr auf die ersten Würzblättchen zurückgreifen.

INHALTSSTOFFE UND WIRKUNG Ätherisches Öl und das Senfölglykosid Sinigrin sind vor allem als Inhaltsstoffe zu nennen. Wegen seiner antiseptischen Wirkung wurde das frische Kraut in der Volksmedizin zerquetscht und auf eitrige Wunden gelegt. Aus demselben Grund wurde es – aufgekocht – zum Gurgeln bei Erkrankungen der Mundhöhle verwendet.

VERWENDUNG IN DER KÜCHE Die fein gehackten jungen Blättchen eignen sich vorzüglich als Würze in verschiedensten Füllungen, geben Kräutersaucen einen unaufdringlichen Knoblauchgeschmack, außerdem sind sie, fein gehackt, ein aromatisches Würzkraut in Frühjahrssalaten, in Gemüse und Suppen oder eine hübsche Verzierung. Man kann sie überall einsetzen, wo auch Knoblauch als Gewürz passt. Es lohnt sich zu experimentieren.

Rezepte

TOMATENCREME-SUPPE MIT KNOBLAUCHSRAUKE FÜR 4 PERSONEN

700 g reife Tomaten, 50 g Butter, 900 ml heiße Gemüsebrühe, je 2 EL grob gehackte Basilikum- und Knoblauchsraukeblätter, 1 TL Paprikapulver, mild, 1 TL Zucker, 1 Prise Muskat, Salz und Pfeffer, 150 ml Sahne, 50 g geröstete Mandelblättchen. Die Tomaten in Stücke schneiden und in der zerlassenen Butter leicht anbraten; mit der heißen Brühe zum Kochen bringen und bei geschlossenem Deckel etwa acht bis zehn Minuten weiter köcheln lassen, von der Platte nehmen. Nach leichtem Abkühlen durch ein Sieb passieren, damit Kerne und Schalen zurückbleiben. Die Suppe nochmals erhitzen, mit den Kräutern und Gewürzen abschmecken, die Sahne vorsichtig einrühren, mit den gerösteten Mandelblättchen servieren. Dazu passt italienisches Weißbrot.

LINKE SEITE
Knoblauchsrauke, ein Wildkraut mit zarter Knoblauchnote

FOLGENDE DOPPELSEITE LINKS
Die Knoblauchsrauke macht sich im Kräutergarten nicht durch Geruch bemerkbar, da dieser erst beim Zerreiben der Blätter entsteht.

FOLGENDE DOPPELSEITE RECHTS
Neben unserem herkömmlichen Koriander mit weißen Doldenblüten finden sich auf dem Kräutermarkt farbenfreudige Chinavarianten.

CHINA-
koriander
winter-
hart
3.-

Umbelliferae.

KORIANDER
CORIANDRUM SATIVUM
Wanzendill, Arabische Petersilie

Seit über 3000 Jahren ein Heil- und Würzkraut mit eigenwilligem Aroma

|⇒| **WISSENSWERTES** Koriander gehört zu den uralten Heil- und Würzpflanzen, denn er wird seit mehr als 3000 Jahren kultiviert, wie man durch altägyptische Papyrustexte weiß. Die Römer, die ihren Koriander aus Ägypten bezogen, mischten seine Körner mit Kreuzkümmel und Essig als Marinade zum Beizen und Haltbarmachen von Fleisch, verwendeten das Kraut aber auch in Würzweinen.

|⇒| **AUSSEHEN UND MERKMALE** Der in unseren Breiten nur einjährige Koriander wird zu einer buschigen, etwa 40 Zentimeter hohen Pflanze mit vielen der glatten Petersilie ähnlichen, gefiederten Blättchen im unteren Stängelbereich. An den Blütenstielen entfalten sich im Sommer unterhalb der Dolden mit zartweißen Blütchen, die zu kugeligen, gelben Früchtchen heranreifen, filigrane, strichförmige, verästelte Blättchen. Die gesamte Pflanze strömt jedoch einen unangenehmen Geruch aus. Ob sie ihren Namen *koris*, dem griechischen Wort für „Bettwanze", diesem unangenehmen Geruch oder der Form der Samen verdankt, ist umstritten. Getrocknet verliert das Kraut diesen unangenehmen Duft, behält aber sein Aroma. Die unteren Blättchen schmecken ähnlich wie Petersilie, nur erdig-beißender; die kugeligen Früchtchen dagegen sind von süßlichem Aroma. Da Koriander Speisen einen eigenwilligen Geschmack verleiht, den man bald nicht mehr missen möchte, sollte man die Pflanze in einer – wegen des Geruchs – etwas abgelegenen Gartenecke griffbereit haben.

|⇒| **INHALTSSTOFFE UND WIRKUNG** Bei Koriander werden wie bei einigen anderen Doldengewächsen vor allem die Früchte, die verschiedene ätherische Öle enthalten, als Heil- und Würzmittel eingesetzt. Sie haben eine beruhigende und die Verdauung fördernde Wirkung. Ein auf zerstoßene Früchte aufgegossener Tee erfüllt diesen Zweck.

|⇒| **VERWENDUNG IN DER KÜCHE** Die jungen Blättchen, die eifrig nachwachsen und deshalb während des ganzen Sommers abgezupft werden können, passen zu Salaten, Gemüse, Saucen, Eintöpfen und Currygerichten. Die reifen, goldgelben Fruchtkügelchen mit ihrem süßlichen Geschmack lassen sich mit dem Mörser zerstampfen oder mahlen. Sie gehören in Ratatouille, sind in Currymischungen, besonders aber in Weihnachtsgebäck wie Printen, Leb- und Gewürzkuchen, in Linzer Torte, Hutzelbrot u.Ä. enthalten.

Rezepte
GEMISCHTER SALAT MIT KORIANDER UND SCHAFSKÄSE
1 kleiner Kopfsalat, zerpflückt, 1 kleine Zwiebel, klein gehackt, 6 Radieschen, in Scheiben geschnitten, 1 rote Paprika, in Streifen geschnitten, 6 Cherrytomaten, halbiert, 1 Bund Koriander, fein gehackt, 100 g Schafkäse, gewürfelt.
Dressing: Saft einer Zitrone, 1 Spritzer Balsamico-Essig, 3 EL Olivenöl, Salz und Pfeffer.
Den Salat und die Zutaten in eine Salatschüssel geben, mischen und mit dem mit Salz und Pfeffer abgeschmeckten Dressing beträufeln. Dazu am besten frisches Baguette servieren.

LINKE SEITE
Wie Anis gehört Koriander zu den Doldenblütlern.

KRESSE
LEPIDIUM SATIVUM
Pfefferkraut, Fleischkraut,
Leberblümchen

Gewürz und Salat zugleich

|►| **WISSENSWERTES** Bereits Griechen und Römer schätzten die Gartenkresse als Gewürz- und Salatpflanze. Bei uns wurde dieses erste Salatgrün des Frühjahrs seit dem 9. Jahrhundert in Klostergärten angebaut. In den alten Kräuterbüchern wurde die Kresse auch als Heilmittel für verschiedene Krankheiten gepriesen, allerdings wird immer nur der Samen genannt, der innerlich wie äußerlich angewendet wird.

|►| **AUSSEHEN UND MERKMALE** Die Kresse gehört wie die Rauke zur Familie der Kreuzblütler, ist jedoch in unseren Breiten wegen ihrer Frostempfindlichkeit nur einjährig, aber sehr unproblematisch zu ziehen. Die ersten Blättchen, die circa 14 Tage nach der Aussaat schon geerntet werden können, sind ellipsenförmig; die späteren dunkelgrünen sind handförmig gelappt und haben einen kräftigen, an Radieschen erinnernden Geschmack. Bald darauf erscheinen rispenartige Blütchen. Die an sich sehr genügsame Kresse wächst schnell bis zu einer Höhe von 30 bis 40 Zentimetern heran. Nach dem Blühen sollte man nur noch die Samen zur weiteren Aussaat ernten.

Um über den ganzen Sommer junge Kresse pflücken zu können, muss man alle zwei bis drei Wochen nachsäen, im Sommer im Halbschatten, weil die Pflanze dort nicht so schnell in die Höhe treibt und blüht. Im Winter lässt sich die schnellwüchsige Pflanze problemlos in einer Schale mit Torf auf der Fensterbank ziehen.

|►| **INHALTSSTOFFE UND WIRKUNG** Vor allem wegen des hohen Gehalts an Senfölglycosid wirkt Kresse entzündungshemmend und verdauungsfördernd. Da sie außerdem recht viel Kalium, Kalzium und die Vitamine A und C enthält, ist der Verzehr dieses ersten Grüns ein gutes Mittel gegen Frühjahrsmüdigkeit.

|►| **VERWENDUNG IN DER KÜCHE** Kresse kann allein oder vermischt mit anderen Salaten wie Möhren-, Spargel- und Blattsalaten oder als Beigabe zu Tomaten verzehrt werden. Zudem ist sie eine willkommene Verzierung verschiedener überbackener Gerichte oder einer Quiche.

Umbelliferae.

441. *Carum Carvi L.* Gemeiner Kümmel.

ECHTER KÜMMEL
CARUM CARVI
Feld-, Wiesen-, Weiß-, Brot-, Mattenkümmel, Garbe

Ein Methusalem unter den Gewürzen

LINKE SEITE
Historische Abbildung des Kümmels

|▸| **WISSENSWERTES** Der in ganz Europa heimische Kümmel ist wahrscheinlich das am längsten in unseren Breiten verwendete Gewürz, denn in Speiseresten aus jungsteinzeitlichen Pfahlbauten fand man bereits Kümmel. Noch heute erfreut er sich, vor allem in Süddeutschland und Österreich, besonderer Wertschätzung.

|▸| **AUSSEHEN UND MERKMALE** Der 30 bis 90 Zentimeter hohe, zweijährige Echte Kümmel mit seinen mehrfach gefiederten Blättchen trägt im zweiten Jahr kleine, weiße Blüten an Doppeldolden und später bräunliche, sichelförmig gebogene Früchtchen. Dankbar ist er für einen sonnigen Platz und feuchtes, humusreiches Erdreich, am liebsten mitten im Garten. Die gesamte Pflanze strömt den aromatisch-würzigen Kümmelduft aus, aber nur die zerstoßenen Samen setzen die Öle und damit das ganze Aroma frei.

|▸| **INHALTSSTOFFE UND WIRKUNG** Die Körner enthalten viel ätherisches Öl mit der geruchsbestimmenden Hauptkomponente Carvon, fettes Öl, daneben Harz, Mineralstoffe und Kieselsäure. Als Tee wirkt Kümmelsamen magenstärkend und krampflösend im gesamten Verdauungsbereich, besonders bei Säuglingen und Kleinkindern. Nimmt man die gleiche Menge Fenchel dazu, mögen Kinder ihn meist lieber.

|▸| **VERWENDUNG IN DER KÜCHE** Kümmel ist vielseitig verwendbar: Er wird in Brot gebacken, zur Käsebereitung verwendet und dient in Kohlgerichten wie Sauerkraut, bei Gänse- und Entenbraten nicht nur als wohlschmeckendes Gewürz, sondern auch zur besseren Verdauung. Junge Blättchen würzen Salate und Suppen. Manche Köchin und mancher Koch werden auch heute noch dem Satz von Hieronymus Bock (1546) zustimmen, Kümmel sei *allenthalben breuchlich, ja auch nützlicher* in seiner Art als jedes Gewürz *auß Arabia*.

LAVENDEL
LAVANDULA ANGUSTIFOLIA
Balsamkraut, Schwindelkraut

Duft-, Heil- und Würzmittel in besonderer Weise

LINKE SEITE
Lavendel und Rosen – beide von erlesenem Duft

FOLGENDE DOPPELSEITE LINKS
Lavendel und Schopflavendel verleihen Garten und Gerichten einen Hauch südländischen Sommers.

FOLGENDE DOPPELSEITE RECHTS
Neben dem Regenfass behauptet der Liebstöckel seinen angestammten Platz im Bauerngarten.

WISSENSWERTES Schon die Römer schätzten den duftig-frischen Lavendel als entspannenden und kreislaufstärkenden Badezusatz. Deshalb verwundert es nicht, dass der Name sich vom lateinischen Verb *lavare* („waschen") ableitet. Als Heilmittel wurde die Pflanze jedoch erst im Mittelalter entdeckt und genutzt. Seit dem 15. Jahrhundert stellte man mit dem Lavendelöl Seifen und Parfüms her. Zur Barockzeit war es dann – zunächst in Frankreich, später auch bei uns – Mode, Lavendel als Duft- und Zierpflanze auch in die Schlossparkbeete zu setzen. Im Mittelalter galt Lavendel als zuverlässiges Mittel gegen Läuse. Als Säckchen mit Blüten gegen Motten hat es bis heute manchen Anhänger.

AUSSEHEN UND MERKMALE An einen großen Blumenstrauß voller blau-violetter, duftender Lippenblüten in Scheinähren erinnert der Lavendel. Die bis zu 60 Zentimeter hohe Pflanze lockt unzählige Insekten an. Dieser ausdauernde Strauch mit seinen weichen, nadelförmigen Blättchen stammt aus dem Mittelmeerraum und liebt deshalb Sonne und einen trockenen Boden. Wichtig aber ist es, ihn nach der Blüte kräftig zurückzuschneiden. Bekannt sind die großen Lavendelfelder der Provence, wo der Lavendel in einer langen Tradition für kosmetische Zwecke und als Gewürzpflanze angebaut wird.

INHALTSSTOFFE UND WIRKUNG Lavendel enthält an wichtigen Inhaltsstoffen vor allem ätherische Öle, Cumarin und Harz, aber auch Gerbstoffe und Flavonoide. Das aus den Blüten gewonnene Öl wurde bei Herz-, Kreislauf- und Hautproblemen eingesetzt. Lavendel war stets in erster Linie Duft- und Heilpflanze sowie Insektenmittel, dann erst Würzmittel. Tee aus frischen oder getrockneten Blüten hat eine beruhigende Wirkung bei Schlafstörungen und fördert den Gallefluss.

VERWENDUNG IN DER KÜCHE Das volle Aroma der jungen frischen Blättchen, die getrocknet in verschiedenen Würzmischungen wie den *Herbes de Provence* enthalten sind, kann man bei Füllungen für Geflügel, für Kräutersaucen, Pizza, Quiche, Marinaden, Fischgerichte und Hammelbraten verwenden. Wegen der starken Würzkraft sollte man aber recht vorsichtig dosieren. Ein in die Grillglut geworfenes Lavendelästchen verbreitet nicht nur mediterranes Flair, sondern ist geschmacklich auch beim Grillgut spürbar. Die jungen, intensiv blauen Blütchen sind auf Salaten und Süßspeisen und bei festlicher Garnierung nicht nur ein hübscher Farbtupfer, sondern verbreiten auch einen aromatischen Duft und besitzen einen zartbitteren Geschmack.

LIEBSTÖCKEL
LEVISTICUM OFFICINALE
Lust-, Lebens-, Gichtstock, Bad-, Liebes-, Maggikraut, Gebärmutterwurzel

*Liebstöckel ist ein treffentlich kraut /
und würt demnach billich (zu Recht) in allen gärten gezielet.*
LEONHART FUCHS, NEW KREUTERBUCH, 1543

Rezepte
TEE
½ TL getrocknete Blättchen, eventuell mit Minze gemischt, zehn Minuten in ¼ l kochendem Wasser ziehen lassen, abseihen.

LIEBSTÖCKEL-SÜPPCHEN
3 kleine Zwiebeln, gehackt, 500 g mehlig kochende Kartoffeln, geschält und gewürfelt, 50 g Butter, 3 EL Liebstöckelblätter, klein gehackt, 1 EL Kerbel, klein gehackt, 1 Lorbeerblatt, 900 ml Gemüsebrühe, 100 ml Sahne, eine Prise geriebene Muskatnuss, Salz, ½ TL Liebstöckelblätter, klein gehackt, zum Garnieren.
Die Zwiebeln und Kartoffeln etwa 5 Minuten in Butter dünsten, die Kräuter beigeben, mit der Brühe übergießen, zum Kochen bringen und bei geringerer Hitze ziehen lassen, bis die Kartoffeln gar sind. Das Ganze pürieren, vorher das Lorbeerblatt entfernen. Die Sahne einrühren, mit Muskat und Salz abschmecken, erhitzen, aber nicht kochen, da sonst die Suppe gerinnt. Vor dem Servieren mit dem Schneebesen aufschäumen und mit den Liebstöckelblättern bestreuen.

LINKE SEITE
Liebstöckelblättchen und -samen sind, sparsam verwendet, ein vielseitiges, verdauungsförderndes Gewürz.

|⇥| **WISSENSWERTES** Den Samen des in den Bergen Liguriens wild wachsenden Liebstöckels verwendete man schon in der Antike gegen Blähungen und um die Verdauung anzuregen. Die Benediktiner brachten das Heilmittel nach Mitteleuropa. Hildegard von Bingen (1098–1179) nannte die Pflanze bereits „Lubesstuckel", von da war es nicht mehr weit bis zum heutigen Namen.

|⇥| **AUSSEHEN UND MERKMALE** Dieser mächtige Doldenblütler mit gelben Blütchen und mehrfach gefiederten Blättern wird ein bis zwei Meter hoch. Man sollte die dekorative, würzige Staude deshalb an den Gartenrand setzen, damit sie kleinere Gewächse nicht erstickt; ein Stock dieses ausdauernden und intensiv schmeckenden Krauts reicht völlig als Würzmittel für eine Familie.

|⇥| **INHALTSSTOFFE UND WIRKUNG** Cumarine, Säuren, Bitterstoffe und vor allem ätherische Öle, die den typischen „Maggi"-Geschmack verursachen, machen das Kraut so wertvoll. Die Pflanze hat aber nur diesen weit verbreiteten Namen und den Geschmack mit dem Würzmittel gemein. Die Blätter gelten als herzstärkend und, wie die klein geschnittenen Wurzeln, in Teeform oder in angesetztem Kräuterlikör als entkrampfend, verdauungsfördernd und harntreibend.

|⇥| **VERWENDUNG IN DER KÜCHE** Weil Liebstöckel ein sehr dominantes, süßlich-herbes und zugleich würziges, im Aroma dem Sellerie ähnliches Würzmittel ist, sollte man es nur sparsam einsetzen. Junge Blattspitzen passen gut zu Tomaten- oder Paprikasalat, Pilzgerichten, Fisch, Lamm, Hammel und Fleischfüllungen, besonders aber zu Eintöpfen. Wie Majoran und Thymian macht Liebstöckel fette Speisen bekömmlicher. Außer bei Salaten kann man auch getrocknete Blättchen verwenden.

ECHTER LORBEER
LAURUS NOBILIS

Ein dezentes Gewürz, bei dem sich das Experimentieren lohnt

WISSENSWERTES Ob Dichter, athletischer Sieger bei den Olympischen Spielen oder triumphierender Feldherr – als Zeichen des Sieges umkränzte der dem Gott Apoll heilige Lorbeer die stolze Stirn. Mit dieser Pflanze glaubte man sich auch vor mancherlei Unbill schützen zu können. So meinte noch ein englischer Kräutervater im 17. Jahrhundert, wo ein Lorbeerbaum stehe, könnten *weder Hexe noch Teufel, weder Donner noch Blitz* einem Menschen schaden.

AUSSEHEN UND MERKMALE Der immergrüne a mit seinen dunkelgrünen, ledrigen, ovalen Blättern ist eine typische Pflanze des Südens und wird in den Wäldern am Mittelmeer zu einem stattlichen Baum von zehn bis zwölf Metern Höhe. Aus den unscheinbaren blassgelben Blüten entwickeln sich zunächst grüne Beeren, die sich dann schwarz färben. Im raueren Klima nördlich der Alpen ist es ratsam, den nicht winterharten Strauch im Kübel zu ziehen. Wegen seines angenehm würzigen Duftes ist er eine empfehlenswerte Pflanze für Terrasse oder Balkon, die leicht in Form zu schneiden ist.

INHALTSSTOFFE UND WIRKUNG Aus den Früchten wird ein durchblutungsförderndes Öl gewonnen, das in Massagecremes oder -öl bei Sportverletzungen hilft. Die Lorbeerblätter sind appetitanregend und fördern die Verdauung. Da man sie während des ganzen Jahres frisch ernten kann, sollte man auf die Verwendung getrockneter Blätter, die mit der Zeit an Kraft verlieren, verzichten. Man sollte auf jeden Fall beachten, dass nur der Echte Lorbeer (*laurus nobilis*) ungiftig ist!

VERWENDUNG IN DER KÜCHE Lorbeer ist ein unaufdringliches, angenehm aromatisches Gewürz, das in der mediterranen Küche sehr bewusst und sparsam Verwendung findet. Seine positive Wirkung beim Verdauen fetter und blähender Gerichte ist bei uns kaum bekannt. Er verfeinert Linseneintöpfe, Kartoffelsuppe, Sauerkraut, Geflügelfüllungen, Fischgerichte, Sauerbraten, Tomatengerichte, Saucen und Marinaden. Eigenes Experimentieren lohnt sich! Übrigens gehört Lorbeer zu den Kräutern im *Bouquet garni*.

Rezepte
KRÄUTERMARINADE FÜR VERSCHIEDENE FLEISCHARTEN (LAMM, ZICKLEIN, WILD UND WILDGEFLÜGEL)
¼ l trockener Weißwein, 3 EL Olivenöl, 2 mittlere Zwiebeln, in Scheiben geschnitten, 2 Lorbeerblätter, 1 Nelke, 2 EL Thymianblättchen, je 1 EL Bohnenkraut-, Ysop- und gehackte Majoranblättchen, je 1 TL Rosmarin- und gehackte Beifußblättchen, Salz.
Wein, Öl, Zwiebeln und Gewürze mischen, mit Salz abschmecken. Das Fleisch damit bestreichen und je nach Dicke zwölf bis vierundzwanzig Stunden zugedeckt und kühl marinieren; zwischendurch wenden und den Sud mit einem Pinsel auf dem Fleisch verteilen.

LINKE SEITE
Immergrüner Lorbeer, ein dezentes und gesundes Gewürz, das frisch und getrocknet sein Aroma entfaltet

FOLGENDE DOPPELSEITE LINKS
Vor allem herzhafte Speisen kommen nicht ohne Lorbeer aus.

FOLGENDE DOPPELSEITE RECHTS
Löwenzahn, eine zu Unrecht verschriene, gesunde und anpassungsfähige Salatpflanze

264 *Laurus nobilis* L. **Lorber.**

Compositae.
26. *Lactuceae.*

607. *Taraxacum officinale Weber*

Gebräuchliche Kuhblume.

LÖWENZAHN
TARAXACUM OFFICINALE
Piss-, Ketten-, Pusteblume, Bettsaich, Mönchsplatte, Hundezahnkraut

„*Nur ein Dummkopf kann Löwenzahn ein Unkraut schimpfen*“,
SAGT EIN KRÄUTERKENNER.

Rezepte

TEE ZUR ANREGUNG VON LEBER UND GALLE

1 TL getrocknete Blätter mit ¼ l kochendem Wasser übergießen, zehn Minuten ziehen lassen, abseihen.

LÖWENZAHNSALAT MIT CHAMPIGNONS UND WACHTELEIERN

8 frische Wachteleier, 200 g junge Löwenzahnblättchen, 100 g braune Champignons, 40 g gehackte (und geröstete) Walnusskerne, 1 EL klein gehackte Petersilie. Dressing: 8 EL Walnussöl, 1 TL Balsamico-Essig, 1 kleine Knoblauchzehe, gepresst, Salz und Pfeffer. Die Wachteleier drei Minuten kochen, kalt abschrecken, pellen. Die Löwenzahnblätter zupfen, die Champignons in dünne Scheiben schneiden, die Walnüsse und die Petersilie zugeben. Mit einem Dressing aus Öl, Essig, der gepressten Knoblauchzehe, abgeschmeckt mit Salz und Pfeffer, überträufeln. Den Salat mischen und mit den halbierten Wachteleier garnieren. Dazu passt warmes Fladenbrot.

LINKE SEITE
Im Frühling bildet der Löwenzahn dichte Blütenteppiche auf den Wiesen.

|→| **WISSENSWERTES** Offensichtlich war Löwenzahn im Volk seit langem als harntreibendes Mittel bekannt, was sein gebräuchlichster Volksname bezeugt, und wurde als häufig vorkommende Pflanze für Salat, Gemüse und Tee verwendet. Aber erst im 16. Jahrhundert kam die Pusteblume in Mode, als die Kräuterväter die besondere Heilwirkung der „Pissblume“ entdeckten und sie deshalb als *eine gebenedeyte Artzney* bei Wassersucht, Leberleiden und Rheuma bezeichneten.

|→| **AUSSEHEN UND MERKMALE** Der zur Familie der Korbblütler gehörige Löwenzahn ist eine ausdauernde Pflanze mit tiefer Pfahlwurzel. Er besitzt die bewundernswerte Fähigkeit, sich den unterschiedlichsten Standorten anzupassen. Je nach Platz, ob trocken oder feucht, ob im Flachland oder Hochgebirge, variieren Aussehen und Größe; im hohen Wiesengras sind die Blätter weich, in praller Sonne hart, manchmal stark gezackt, manchmal kaum. Abgefressen oder abgemäht – aus der Blattrosette treiben unverdrossen neue Blätter. Zunächst erheben sich die geschlossenen grünen, dann intensiv leuchtend gelben Blütenköpfchen, mit denen Kinder sich gern Kränze machen, dann die Samenkugeln mit den kleinen Fallschirmen, die wohl jeder als Kind in die Luft gepustet hat und an denen unten jeweils eine Frucht hängt. Käme der Löwenzahn nur selten vor, wäre jeder Gartenbesitzer stolz, eine so dekorative Pflanze sein Eigen zu nennen.

|→| **INHALTSSTOFFE UND WIRKUNG** Löwenzahn enthält die Vitamine A, B, C, D, dabei ist der Gehalt an Vitamin A bei der frischen Pflanze sogar höher als bei der Karotte. Weitere Bestandteile sind enzymatisch wirkende Stoffe, Saponine, Gerbstoffe, kreislaufwirksames Cholin, Eisen und Mineralstoffe.

|→| **VERWENDUNG IN DER KÜCHE** Bereits im Vorfrühling kann man die jungen saftigen Blättchen und die kleinen Knospen für einen würzigen Salat ernten, der entwässert und als regenerative Frühjahrskur wirkt. Da eine solche Kur etwa einen Monat dauern sollte, die Löwenzahnblätter aber schnell zu derb werden, sollte man sich einer französischen Methode bedienen: Man deckt eine Reihe zusammenstehender Pflanzen für ein bis zwei Wochen mit einem Brett oder Gefäß ab und behält so zarte, gelbe Blätter. Fügt man dann noch Löwenzahnblüten, Apfelstücke und Sonnenblumenkerne hinzu, erhält man einen wohlschmeckenden Salat. Früher nutzte man die Blüten auch, um Butter ein goldgelbes Aussehen zu geben. Von den mit Löwenzahn übersäten Wiesen sollte man die Finger lassen – sie sind überdüngt!

MAJORAN
ORIGANUM MAJORANA
Bratenkräutel, Kuttel-, Kuchel-, Wurstkraut

Ein altes Heil- und Würzkraut

Rezepte

TEE BEI ERKÄLTUNG
1 TL frische oder getrocknete Majoranblätter mit kochendem Wasser übergießen, zehn Minuten ziehen lassen, abseihen.

MARINIERTE MAKRELE MIT MAJORAN (FÜR 4 PERSONEN)
4 Makrelen, 2 Bio-Zitronen, in Scheiben geschnitten, 4 EL gehackter Majoran, 6 EL Olivenöl, 1 Bio-Zitrone, abgeriebene Schale und Saft, 2 zerdrückte Knoblauchzehen, Salz und Pfeffer. Zum Verzieren: 1 Bio-Limone, in Scheiben geschnitten, und einige Majoranblättchen. Die abgewaschenen Makrelen auf beiden Seiten mit drei bis vier diagonalen Schnitten leicht einschneiden, mit Zitronenscheiben füllen und die Fische nebeneinander in ein nicht metallenes Gefäß legen. Für die Marinade alle weiteren Zutaten mischen, die Fische mit dem Backpinsel beidseitig damit bestreichen und 30 Minuten in den Kühlschrank stellen. Auf dem Grill von jeder Seite drei bis fünf Minuten garen, bis die Haut bräunt, dabei jeweils einmal mit der Marinade bestreichen. Garniert servieren.

LINKE SEITE
Majoran gehörte schon zu den Heil- und Würzpflanzen der Benediktiner und darf in vielen südländischen Gerichten nicht fehlen.

FOLGENDE DOPPELSEITE LINKS
Majoran ist eines der beliebtesten Würzkräuter.

FOLGENDE DOPPELSEITE RECHTS
Meerrettich lässt sich für derbe volkstümliche wie auch für feine Speisen verwenden.

|➤| **WISSENSWERTES** In der Antike war Majoran als Heil- und Würzkraut bekannt. Griechen und Römer verwendeten Majoran-Massageöl, bei den Römern galt mit Majoran gewürzter Wein als Aphrodisiakum. Die Benediktiner brachten die Kulturpflanze wie viele andere als Heilpflanze über die Alpen. Im 16. Jahrhundert wurde durch die Kräuterbücher der aromatische Majoran als Allheilmittel gelobt, besonders gegen Seuchen wie die Pest. Man erhoffte sich von Riechsträußen, aber auch durch Ausräuchern mit seinen Zweigen Schutz.

|➤| **AUSSEHEN UND MERKMALE** Dieses auch „Süßer Majoran" genannte Kraut, das in unserem Klima nicht winterhart ist und deshalb nur einjährig gezogen wird, stammt wie die meisten Oreganoarten aus dem Mittelmeerraum. Die ovalen Blättchen sind grau-grün, bisweilen rötlich, bei einer Sorte dick filzig (*Origanum dictamnus*). Die weißen bis hell-rötlichen, aromatischen Blütchen wachsen in kugeligen Rispen. Die gesamte Pflanze besitzt ein kräftiges, aber nicht bitteres Aroma und eignet sich auch gut als duftende Topfpflanze.

|➤| **INHALTSSTOFFE UND WIRKUNG** Wichtigste Inhaltsstoffe sind das ätherische Majoranöl sowie Gerb- und Bitterstoffe. Sie wirken verdauungsfördernd, harntreibend, helfen bei Krämpfen im Magen-Darm-Bereich und haben ausgezeichnete antiseptische Eigenschaften. Getrocknet und gekocht behält das Kraut sein Aroma.

|➤| **VERWENDUNG IN DER KÜCHE** Als typisches Gewürz der mediterranen, besonders der italienischen Küche findet sich Majoran auf Pizzen und in verschiedensten Nudelgerichten. Herzhaften Speisen gibt das Gewürz einen besonderen Pfiff, z.B. Kürbissuppe, gefüllter Paprika, Pasteten, Fisch- und Wildgerichten.

MEERRETTICH
ARMORACIA RUSTICANA
Kren, Bauernsenf

Regt den Kreislauf an und senkt Bluthochdruck

|➤| **WISSENSWERTES** Der aus Südosteuropa stammende Meerrettich, den man zunächst in Klostergärten nur als Heilpflanze zog, wurde bereits im 12. Jahrhundert in Mitteleuropa vereinzelt als besonderes Gewürz, z.B. als Beilage zu Fleisch, verwendet. Im 16. Jahrhundert avancierte er dann in Deutschland zur populären Küchenpflanze und war als geraspelte Creme zu Fischgerichten ausgesprochen beliebt – eine Wertschätzung, die in Süddeutschland bis heute andauert.

|➤| **AUSSEHEN UND MERKMALE** Die winterharte Pflanze mit ihren großen, derben, ovalen Blättern und den weißen Kreuzblütchen an langen Blütenrispen ist keine attraktive Pflanze. Deshalb sucht man im Garten für sie ein abgelegenes Plätzchen am Zaun, überlässt sie sich selbst und gräbt nur bei Bedarf ein rübenförmiges Wurzelstück aus. Verwildert findet man Meerrettich häufig an Weg- und Ackerrändern.

|➤| **INHALTSSTOFFE UND WIRKUNG** Die Wurzel des Meerrettichs enthält Senfölglykosid und Enzyme, die beim Raspeln aufeinandertreffen und den charakteristischen Geschmack und die Schärfe bewirken. Außer an Mineralstoffen wie Kalzium, Natrium und Magnesium ist er reich an Vitamin C; deshalb galt der Kren auch als wirksames Mittel gegen Skorbut. Ferner enthält er bakterienabtötende Substanzen, die Nahrungsmittel länger frisch halten. Da er schweiß- und harntreibend, außerdem verdauungsfördernd wirkt, Blähungen verhindert und den Blutdruck senkt, kann man ihm das Prädikat „gesundheitsfördernd" verleihen.

|➤| **VERWENDUNG IN DER KÜCHE** Selbstgezogene oder gekaufte Meerrettichwurzeln können fein geraspelt werden. Eine leichte Braunfärbung verhindert man durch einige Tropfen Zitronensaft oder Essig. Der extrem scharfe Geschmack lässt sich durch Zugabe von Sahne oder geraspeltem Apfel mildern. Eine solche Creme oder Sauce passt zu geräuchertem Fleisch, deftigen Würsten und schmeckt sehr gut zu geräucherter Forelle oder Lachs. In manchen deutschen Regionen hat Tafelspitz mit Meerrettichsauce Tradition. In England wird Roastbeef seit Generationen mit Meerrettich serviert. Junge, fein gehackte Blätter verleihen der Salattunke einen leicht scharfen Geschmack. Erhitzen verträgt Meerrettich nicht, da sich sein Öl dann verflüchtigt; deshalb darf man ihn bei warmen Saucen erst zum Schluss zugeben. Meerrettich ist auch ein wichtiger Bestandteil des scharfen Senfs.

Rezepte
MEERRETTICHCREME
100 ml Sahne, 1–2 EL geriebener frischer Meerrettich (oder aus dem Glas), Salz und Pfeffer.
Sahne steif schlagen, den Meerrettich vorsichtig unterrühren und mit Salz und Pfeffer abschmecken. Die Creme passt zu kaltem Rinderbraten und allen Arten von geräuchertem Fisch.

LINKE SEITE
Schon im Klostergarten hat Meerrettich eine lange Tradition.

Labiatae

MELISSE
MELISSA OFFICINALIS
Melisse, Frauen-, Mutter-, Herz-, Nerven-, Bienen-, Immen-, Herbst-kraut, Honigblume, Zitronenkraut

Zier und Würze mit Zitronenduft

LINKE SEITE
Zitronenmelisse – ein anspruchsloser Duft- und Würzstrauch mit vielen gesunden Inhaltsstoffen

FOLGENDE DOPPELSEITE LINKS
Die saftig grünen Blätt-chen der Melisse sind in der Küche vielfältig ver-wendbar.

FOLGENDE DOPPELSEITE RECHTS
Oregano gehört zur Familie der Lippenblütler.

|⇥| WISSENSWERTES Früher und ausdauernder als die Menschen schwärmten und schwärmen die Bienen für diese Pflanze. Das war be-reits den alten Griechen aufgefallen, die sie deshalb *Melissophylon* („Bie-nenblatt") nannten. Sie glaubten, ein „Immenkraut" vor einem Bienen-stock verhindere, dass die Tiere den Bau aufgäben. Heimisch wurde das aus dem östlichen Mittelmeerraum stammende „Zitronenkraut" bei uns wie viele andere Kräuter durch die Benediktiner, die es zuerst in ihren Gärten als Heilkraut zogen.

|⇥| AUSSEHEN UND MERKMALE Die mehrjährige, nach Zitrone duf-tende, zierliche Pflanze mit ihren bis zu 70 Zentimeter hohen, verästelten Stängeln liebt im Garten ein sonniges Plätzchen. Mit ihren rautenför-migen, grobgesägten, dunkel- oder gelbgrünen Blättern und kleinen, weißlichen Blüten, die in Scheinquirlen an den Blattachsen wachsen, ist sie ausgesprochen unkompliziert. Sie lässt sich nach der Blüte gut zurück-schneiden, sät sich zudem selbst aus und wächst auch verwildert auf al-tem Gemäuer, in Weingärten und an Wegrändern.

|⇥| INHALTSSTOFFE UND WIRKUNG Die Melisse enthält neben äthe-rischem Öl mit bis zu 78 verschiedenen Aromastoffen auch Harz, Schleim-, Gerb- und Bitterstoffe. Tee aus frischen Blättern der Pflanze kann bei Schlaflosigkeit helfen sowie verdauungsfördernd, entspannend und krampflösend wirken.

|⇥| VERWENDUNG IN DER KÜCHE Die Melisse ist ein vielseitig ver-wendbares Küchenkraut, dessen Blättchen aber vor der Blüte geerntet werden sollten, da sich danach ihre Würzkraft abschwächt. Durch das zarte Zitronenaroma einiger frischer Blättchen bekommen süße Kuchen, Süßspeisen, Gelees oder Marmeladen, aber auch Rohkost, Salatsaucen, Fleisch- und Fischgerichte einen besonderen Pfiff. Mit einzelnen saftig grünen Blättchen, die man gerne mitessen kann, lassen sich außerdem Eis, Eisgetränke, Limonaden, Bowlen und Fruchtsalate reizvoll dekorie-ren. In der Schweiz wird Zitronenmelisse auch zum Würzen von Käse verwendet. Der bekannte Melissengeist wurde 1611 von der Karmeliterin Maria Clementine Martin erfunden.

Labiatae

502 *Origanum vulgare L.*   Gemeiner Doſt.

OREGANO/DOST
ORIGANUM VULGARE
Wilder Majoran, Wohlgemut, Schusterkraut, Mutterkraut, Frauen-majoran

„Freude aus den Bergen" nannten ihn die Griechen.

|➥| **WISSENSWERTES** Wer in Griechenland die mit Oregano bewachsenen Berghänge mit ihrem herrlichen Duft erlebt hat, wird den Namen *oreos ganos* („Labsal aus den Bergen") verstehen. Im Gegensatz zu vielen anderen Gewürzpflanzen ist eine Oreganoart, nämlich Dost, eine einheimische Heilpflanze mit langer Tradition. So gehört sie als heilbringendes Kraut in den Strauß zu Mariä Himmelfahrt, hält sie doch nach langlebiger Überzeugung alles Dämonische von Haus und Hof fern, wenn man ein Bündelchen an die Tür bindet.

|➥| **AUSSEHEN UND MERKMALE** Wilder Oregano, auch Wilder Majoran genannt, ist sowohl in südlichen Ländern als auch bei uns heimisch. Diese winterharte, mehrjährige Pflanze mit dunkelgrünen, leicht behaarten, ovalen, aromatischen Blättchen hat rispige Trugdolden mit kleinen Lippenblütchen, die in südlichen Ländern malvenfarbig oder weiß blühen, bei uns rotviolett. In südlichem Klima entwickelt das Kraut ein intensiveres, schärferes Aroma als in gemäßigtem, hat aber immer einen sehr würzig-aromatischen Geschmack mit leicht bitterem Nachklang. Es lohnt sich, den auch auf Märkten angebotenen Dost im Topf oder Garten zu ziehen.

|➥| **INHALTSSTOFFE UND WIRKUNG** Ähnlich wie Majoran enthält Oregano ätherisches Öl. Besonders die Inhaltsstoffe Thymol und Carvacrol sind für ihre bakteriziden und fungiziden Eigenschaften bekannt.

|➥| **VERWENDUNG IN DER KÜCHE** Wilder Oregano oder Dost ist so scharf, dass man ihn nur in kleinen Mengen verwenden sollte. Getrocknet ist er eine vorzügliche Würze für Pizza und Nudelgerichte.

Rezepte

TEE BEI ERKÄLTUNG
1 TL frische oder getrocknete Blätter mit kochendem Wasser übergießen, zehn Minuten ziehen lassen, abseihen, recht warm trinken.

LACHSSTEAKS MIT OREGANO-SALSA
4 Lachssteaks, schwarzer Pfeffer, 100 ml herber Weißwein.
Eine feuerfeste Form einfetten, die Steaks hineinlegen, mit Pfeffer bestreuen, mit Wein übergießen. Die Form mit Alufolie fest verschließen, bei 150 °C etwa 15 Minuten garen.
Oregano-Salsa:
200 g reife Tomaten, gepellt und in Stücke geschnitten, 3 Frühlingszwiebeln mit Grün, 2 EL Olivenöl, 2 EL Oregano, 1 TL Kerbel.
Alle Zutaten außer die Tomaten im Mixer zerkleinern, nicht pürieren! Die Tomatenstücke zugeben. Die Steaks warm oder kalt, mit einigen Blättchen Oregano verziert und umgeben von der Salsa servieren, dazu auf Wunsch Baguette reichen.

EINGELEGTE ZITRONENSCHEIBEN MIT OREGANO
4 Bio-Zitronen, 1 Bund Oregano, 250 ml Öl.
Die Zitronen heiß abwaschen, in dünne Scheiben schneiden, kurz in kochendem Salzwasser blanchieren. Auf Küchenpapier abtropfen lassen, jede Scheibe kräftig mit fein gehacktem Oregano bestreuen, in eine Schale oder ein Glas schichten und mit dem Olivenöl bedecken. Eine Woche ziehen lassen. Die sauer-pikanten Scheiben passen gut zu gegrilltem Fleisch.

LINKE SEITE
Aus der italienischen Küche ist duftender Oregano nicht wegzudenken.

PETERSILIE
PETROSELINUM CRISPUM
Suppenkraut, Peterling, Peterlein

Unterstreicht als dezentes Gewürz das Aroma anderer Kräuter

|➤| **WISSENSWERTES** Die Petersilie ist eine erfolgreiche Importpflanze der Römer. Überreste von ihr fand man auch im römischen Kastell von Xanten. Natürlich hatte sie im St. Galler Klostergarten (um 820) als Heil- und Würzkraut ihren Platz. Von dort kam sie bald in die Bauerngärten. Mehr oder minder hat Hieronymus Bock heute noch recht, wenn er 1546 schrieb: *Wo findt man in Teutschen landen ein kuchen* (Küche), *darinn Petersilgen ... nit gebraucht wird?*

|➤| **AUSSEHEN UND MERKMALE** Bei der zweijährigen Petersilie unterscheidet man die Krause Petersilie *(Petroselinum crispum)* mit eng gekräuselten und die Italienische oder Französische Petersilie *(Petroselinum crispum neapolitanum)* mit glatten, gelappten Blättchen und intensiverem Aroma. Die möhrenartig verdickten Wurzeln der zweijährigen Pflanzen enthalten das stärkste Petersilienaroma und geben Suppen, wenn man sie mitkocht, einen besonders angenehmen Geschmack.

Erst im zweiten Jahr treibt die Pflanze eine Dolde mit zunächst gelbgrünlichen Blüten, später sichelförmigen, braunen Samen. Wer sie selbst sät, muss Geduld haben, denn die Petersilie lässt sich mit dem Keimen Zeit, muss sie doch nach alter Überlieferung erst nach Rom pilgern, um von Petrus höchstpersönlich hierfür die Erlaubnis zu erbitten.

|➤| **INHALTSSTOFFE UND WIRKUNG** Ätherisches Öl sowie hoher Vitamin C- und Eisengehalt zeichnen die Petersilie aus. Das Kraut und besonders der Samen wirken harntreibend und blutreinigend; beide sollten jedoch wegen Nebenwirkungen nicht über längere Zeit hoch dosiert verzehrt werden – früher hieß es wegen der potenzsteigernden und abtreibenden Wirkung drastisch, die Petersilie verhelfe *dem Mann aufs Pferd und der Frau unter die Erd'.*

|➤| **VERWENDUNG IN DER KÜCHE** Die Petersilie ist eines der beliebtesten Küchenkräuter, das sich wegen seines unauffälligen Aromas vielfältig verwenden lässt. Es gehört zu den wenigen Kräutern, die das Aroma anderer unterstreichen: Klein geschnitten auf Salate, Gemüse oder Kartoffeln gestreut, in Suppen, Aufläufen, Gemüse – teilweise mitgekocht, der Rest oder der ganze Anteil erst vor dem Servieren übergestreut – entfaltet die Petersilie ihr Aroma aufs Beste.

Rezepte

WALNUSSPESTO MIT MINZE UND PETERSILIE

100 g Walnusskerne, 1 Knoblauchzehe, je 1 Bund Minze und Petersilie, 150 ml Olivenöl, 20 ml Walnussöl, 4–5 EL Zitronensaft, 50 g geriebener Parmesan, Salz und schwarzer Pfeffer (beides aus der Mühle).
Die Walnusskerne, die Knoblauchzehe und die Kräuter ohne die dickeren Stiele im Mixer nicht zu fein zerkleinern. Die Masse entnehmen, mit Öl, Zitronensaft und Parmesan kräftig mischen, mit Salz und Pfeffer abschmecken, in verschließbare Gläser füllen und kühl stellen.

PETERSILIEN-GNOCCHI

500 g mehlig kochende Kartoffeln, 100 g Mehl, 2 Eigelb, 4 EL gehackte Petersilie, 1 TL Schnittlauchröllchen, Salz, Muskat, 50 g Butter.
Die Kartoffeln weich kochen, pellen und durch die Kartoffelpresse drücken, die Masse mit Mehl bestäuben, Eigelb und Kräuter untermischen und alles zu einem festen Teig verarbeiten, mit Salz und geriebenem Muskat abschmecken. Mit zwei Teelöffeln Gnocchi formen, im heißen, nicht kochenden Salzwasser zehn Minuten ziehen lassen, nach dem Abtropfen im Sieb in eine Schüssel füllen und mit etwas zerlassener Butter übergießen. Die Gnocchi passen zu Braten, Gulasch oder Tomatensauce.

LINKE SEITE
Petersilie, glatt- oder krausblättrig, gehört in jeden Würzgarten; die Wurzeln sind besonders geschmacksintensiv.

FOLGENDE DOPPELSEITE LINKS
Petersilienwurzeln

FOLGENDE DOPPELSEITE RECHTS
Pfefferminze erobert sich gerne mehr Platz im Garten, als ihr zusteht.

PFEFFERMINZE
MENTHA X PIPERITA
Englische Minze, Balsam, Schmeckerts

Kaum ein Kraut schmeckt so erfrischend wie Minze.

Rezepte

PFEFFERMINZSIRUP ZUM WÜRZEN VON SÜSSSPEISEN UND GETRÄNKEN

Ausreichend Pfefferminzblätter, um, locker gepackt, ein Gefäß mit 1 l Fassungsvermögen zu füllen, 500–750 ml Wasser, 350 g Rohzucker. Blätter und Wasser in einen Topf füllen, 3 Minuten köcheln, dann mindestens ebenso lange im Sieb abtropfen lassen. Den Zucker in die Flüssigkeit geben, alles nochmals aufkochen, in eine Flasche füllen und kühl stellen oder als Eiswürfel einfrieren.

PFEFFERMINZ-SHERRY-MARINADE FÜR LAMM-KOTELETTS

2 kleine Zwiebeln, 3 EL Pfefferminzblätter, 6 EL Olivenöl, ½ Tasse Sherry, 1 TL Kerbel, ½ TL milder Senf.
Die Zwiebeln grob zerkleinern, die restlichen Zutaten zugeben und so lange mixen, bis ein glatter Brei entsteht. Die Koteletts damit übergießen und die Marinade abgedeckt über Nacht kühl einwirken lassen. Koteletts grillen.

LINKE SEITE
Von den verschiedenen Minzesorten sollte man einige Lieblingsarten im Garten haben.

|➤| **WISSENSWERTES** *Wenn aber ein Mensch alle Minzenarten und ihre Wirkung aufzählen könnte, dann müsste er ebenso wissen, wie viele Fische im Roten Meer sich tummeln ...* Diese Übertreibung des Reichenauer Mönchs Walahfrid Strabo (808/809–849) macht deutlich, wie schwierig eine Darstellung und Beschränkung dieser weit verzweigten „Sippe" ist. Minzen variieren in Aussehen, Größe, Blatt- und Blütenformen und in ihren Aromen. Sie wachsen seit der Antike wohl ununterbrochen in den Gärten als Duftspender, Würze und vielseitiges Heilmittel. Die Pfefferminze ist allerdings erst ein recht junger Bastard, Spross eines unermüdlichen englischen Züchters des 18. Jahrhunderts.

|➤| **AUSSEHEN UND MERKMALE** Alle Minzen sind ausdauernde aromatische Kräuter mit meist lanzettenförmigen, häufig gesägten und behaarten, grün bis dunkelrot gefärbten Blättern, hellen Lippenblütchen und behaarten, vierkantigen, gewöhnlich nach oben verzweigten Stängeln. Sie bilden ein dichtes, weitläufiges Wurzelgeflecht. Die Pflanze nimmt mit jedem Eckchen im Garten vorlieb, man muss aber darauf achten, dass sie sich nicht zu sehr ausdehnt.

Im Mittelalter und später gehörten verschiedene einheimische Wildarten zu den in den Gärten angebauten Heilpflanzen. Dazu gehörten z.B. die Bachminze (*Mentha aquatica*) mit ihrem angenehmen, minzartigen Geschmack, die robuste Ross- oder Waldminze (*Mentha longifolia*) mit ihrem bitteren Aroma, dem das Menthol fehlt, ferner die wilde Ackerminze (*Mentha arvensis*) mit ihrem etwas dumpfen Minzgeschmack.

Ebenso wurde im Garten die Poleiminze (*Mentha pulegium*) gezogen, eine kleine, niederliegende und aufsteigende Staude mit starkem Pfefferaroma. Zu nennen sind auch noch die Kölnisch Wasser Minze (*Mentha piperita var. citrata*) – diese mentholarme Sorte duftet nach Bergamotte – und die Apfelminze (*Mentha suaveolens*), die gut zum Verzieren von süßem Nachtisch, als Teeaufguss oder als Geleearoma zu verwenden ist.

|➤| **INHALTSSTOFFE UND WIRKUNG** Minzen enthalten ätherisches Öl wie Menthol, Mentholester, Gerb- und Bitterstoffe; dabei variieren die Wirkstoffe der verschiedenen Minzen jedoch sehr. Minze wird in der Volksmedizin bei Leber- und Gallenkrankheit und krampfartigen Beschwerden im Magen-Darm-Trakt eingesetzt. Das aus der Pflanze gewonnene Öl bewirkt auf der Haut ein Kältegefühl, wodurch sich das Schmerzempfinden verringert, und desinfiziert.

RAUKE/RUCOLA
ERUCA SATIVA
Rucola, Ölrauke, Ruke, Roquette, Wilder Senf

Eine unter italienischem Namen wiederentdeckte, nussig-würzige Salatpflanze

|❧| **WISSENSWERTES** Die Rauke, die aus dem Mittelmeerraum stammt, galt in Rom als Symbol des Betruges, da sie nachts süß duftet, tagsüber aber geruchlos ist. Trotzdem schätzten die Römer den leicht bitteren Geschmack der Blätter und das aromatische Öl aus dem reifen Samen. Im Mittelalter wurden die scharf schmeckenden Raukesamen wie Senfkörner verwendet, daher der Name Wilder Senf.

Auch bei uns erfreut sich die in Italien und Frankreich vielseitig verwendete, nussig-scharf schmeckende Salat- und Würzpflanze wieder wachsender Beliebtheit – unsere Großmütter zogen sie noch im Garten, erst danach geriet sie in Vergessenheit.

|❧| **AUSSEHEN UND MERKMALE** Die schnell wachsende, frostempfindliche Rauke erinnert mit ihren tiefgelappten Blättern an Löwenzahn, gehört aber mit den hellgelben Blütchen zur Familie der Kreuzblütler. Sie stellt keine besonderen Ansprüche an den Boden, wächst schnell auf, so dass man schon bald die zarten Blätter ernten kann. Da sie, wenn man die Blüten rechtzeitig kappt, neue Blätter treibt, hat man lange frisches Erntegut.

|❧| **INHALTSSTOFFE UND WIRKUNG** Hoher Senfölgehalt, der bei Blättern und Samen den pfefferartigen Geschmack bewirkt, ätherisches Öl, Bitterstoffe, Vitamin C, Kalium, Kalzium und ein hoher Jodgehalt zeichnen die Rauke aus. Sie wirkt verdauungsanregend, entwässernd und beugt Vitamin C-Mangel vor.

Erwähnt sei hier noch die „Mutter" unserer Gartenrauke: die Wilde Rucola (*Rucola silvatica*). Diese ursprüngliche, robuste, frostunempfindliche, mehrjährige Wildform ist kleiner, hat schmale, fein gefiederte Blättchen und schmeckt wesentlich würziger als ihre bekanntere Kulturform. Bei kontinuierlichem Schnitt und genügender Feuchtigkeit wachsen die Blättchen den ganzen Sommer nach. In Italien, wo diese Wildform auch in Gärtnereien angeboten wird, findet man sie noch häufig als Unkraut an Wegrändern. In und um Mainz ist sie mit ihren gelben Blütchen an Straßen und Wegrändern unübersehbar. Ein ausdauerndes Erbe der Römer? Es lohnt sich, einige Pflänzchen in den Garten zu übernehmen.

|❧| **VERWENDUNG IN DER KÜCHE** Blätter, Blüten und gekeimter Samen geben Salatmischungen einen pikanten Geschmack. Die Samenkörner kann man wie Senfkörner als Gewürz verwenden und als Keimlinge essen.

Rezepte
PESTO MIT RAUKE
Wie Bärlauchpesto herstellen, nur Bärlauch durch Rauke ersetzen.

BUNTER SALAT MIT RUCOLA
6–8 Champignons, 1 Bund Rucola, 1 kleiner Krauskopfsalat, 2 Chicorée, 1 TL Thymianblättchen, einige Kapuzinerkresseblüten. Die Champignons in dünne Scheiben schneiden und mit den gezupften Salaten und dem in Längsstreifen geschnittenen Chicorée mischen, mit Thymian und Blüten bestreuen und mit Dressing nach eigenem Geschmack beträufeln.

LINKE SEITE
Robuster und würziger als die frostempfindliche Gartenrauke ist die Wilde Rauke.

FOLGENDE DOPPELSEITE LINKS
Junge, saftige Raukeblättchen würzen als gesunde Frühjahrskur verschiedene Salate.

FOLGENDE DOPPELSEITE RECHTS
Ringelblumen – Zier und Ungezieferschutz am Gartenzaun

Crucifera

RINGELBLUME
CALENDULA OFFICINALIS

Gold-, Stink-, Butter-, Toten-, Wein-, Studentenblume, Engel-röschen, Ringel-, Marienrose, Sonnenwende, Sonnenbraut

Ein Segen für geschundene Haut, ein erfreulicher Blickfang im Salat

LINKE SEITE
Eine echte Sonnenwende oder Sonnenbraut ist die in verschiedenen Gelb-orangetönen strahlende Ringelblume.

Rezepte

RINGELBLUMEN-TÖRTCHEN

Teig für 18 Törtchen in Papierförmchen: 120 g Butter, 120 g Zucker, 2 Eier, 120 g Mehl, 2 EL Joghurt, 2 EL frische Ringelblumenblüten, 1 gestrichener TL Backpulver, 1 Päckchen Vanillezucker, Zitronenguss und 1 EL Ringelblumenblüten zum Garnieren.
Butter, Zucker und Eier verrühren, bis der Zucker sich aufgelöst hat. Die weiteren Zugaben einarbeiten, den Teig in Papierförmchen füllen und bei 170 °C etwa 25 Minuten goldgelb backen. Die noch heißen Törtchen mit Zitronenguss überpinseln und mit Blütenblättern bestreuen.

TEE MIT INTERESSANTEM AROMA UND HERRLICHER GELBER FARBE

1–2 TL Blütenblätter mit ¼ l heißem Wasser übergießen, zehn Minuten ziehen lassen und abseihen.

|➤| **WISSENSWERTES** Die ursprünglich aus Südeuropa stammende Ringelblume gehört wahrscheinlich zu den ältesten bei uns eingebürgerten Blumen und Heilkräutern. Sie blühte schon auf den römischen Landsitzen diesseits der Alpen. Da sie ihre Blüten nach der Sonne hin öffnet und sich nach ihrem Gang dreht, hieß sie im Mittelalter auch „Sonnenwende" oder „Sonnenbraut". Den heute gängigen Namen trug sie schon bei Hildegard von Bingen (1098–1179), die sie „Ringula" oder „Ringella" nannte.

|➤| **AUSSEHEN UND MERKMALE** Ihren Namen verdankt die einjährige, 30 bis 40 Zentimeter hohe, dekorative und anspruchslose Pflanze mit länglich ovalen, dicklichen Blättern an behaarten Stängeln den sich in merkwürdigen Formen ringelnden Samen. Ihre hellgelben bis dunkelorangefarbenen Korbblüten mit langen Blütenblättern wachsen den ganzen Sommer nach. Blätter und Blüten, aber auch der aus den Schnittflächen der Stängel austretende klebrige Saft verbreiten einen eigentümlich würzigen, angenehmen Duft. Einmal im Garten heimisch, sät sie sich jedes Jahr neu aus. Wächst sie am Rand des Gemüsebeetes, vertreibt sie die gefürchteten Wurzelälchen.

|➤| **INHALTSSTOFFE UND WIRKUNG** Ihre Inhaltsstoffe – ätherisches Öl, Bitterstoffe, Harze, Vitamin C, Schleim, Calendulin, Saponine und Blütenfarbstoffe – entwickeln sich bei sonnigem Stand noch intensiver. Heute ist die Ringelblume eine ausgesprochen populäre Heilpflanze und ein wichtiger Bestandteil von Salben zur Wundheilung und Hautneubildung nach Verbrennungen. Am bekanntesten ist ihre heilende Wirkung als Salbe bei rissiger Haut, Schürfwunden, Sonnenbrand und Fußpilz. Tee aus frischen oder getrockneten Blütenblättern wirkt blutreinigend, krampflösend sowie entzündungshemmend und lindert Gallen- und Leberleiden.

|➤| **VERWENDUNG IN DER KÜCHE** Frische junge Blütenblättchen verleihen Salaten hübsche Farbtupfer und einen pikanten Geschmack. Auch zum Garnieren verschiedener Getränke und Speisen eignen sich die gelb-orangefarbenen Blütenblättchen. Anstelle von Safran kann man Ringelblumen zum Gelbfärben von Lebensmitteln verwenden.

ROSE/HAGEBUTTE
ROSA

Die gekrönte Herbstkönigin

|➤| **WISSENSWERTES** Schon Griechen und Römer kannten gefüllte Rosenarten als wunderschöne Zierpflanzen, aber auch als Symbol-, Heil-, Duft- und Gewürzpflanzen. In den mittelalterlichen Klostergärten wurden sie vor allem als Heilpflanzen mit starker Symbolkraft gezogen. Heute finden wir in unseren Gärten eine stets wachsende Vielfalt neuer Rosenzüchtungen, die jedoch alle von Wildrosen abstammen. Von ihnen soll hier vor allem die Rede sein.

|➤| **AUSSEHEN UND MERKMALE** Unübersehbar wächst dieser ausdauernde, robuste, stachelige Wildstrauch mit gefiederten, kleinen Blättern und schwach duftenden, blassrosa Blüten an Weg- oder Waldrändern. Aus der Blüte entsteht dann die leuchtend rote Hagebutte mit dunklem Käppchen, gefüllt mit den fein behaarten Samen.

|➤| **INHALTSSTOFFE UND WIRKUNG** Pektin, Gerbstoffe, Fruchtzucker und Fruchtsäuren, Carotin als Farbstoff und viel Vitamin C machen die Hagebutte so wertvoll.

|➤| **VERWENDUNG IN DER KÜCHE** Sehr reizvoll ist die Verwendung der Blütenblätter – man darf dabei getrost auf die Rosen im Garten zurückgreifen – kandiert oder als Dekoration bei Obstsalaten und Eisbechern, jedoch natürlich auch, um Rosenblattgelee, eine besondere Delikatesse, zu kochen. Dasselbe gilt für das Hagebuttenmark, das sich als Sauce – leicht gezuckert, eventuell mit etwas Obstschnaps zu Eis und Pudding – oder – mit etwas Riesling und Saurer Sahne gemischt – als Sauce zu Wild eignet. Es gibt verschiedene Verfahren, die alle mehr oder minder aufwändig sind, um dieses Mus herzustellen. Man kann es aber auch im Herbst auf den Wochenmärkten kaufen. Hagebuttenmarmelade ist ein schmackhafter Brotaufstrich und passt auch sehr gut als dickflüssige Sauce zu Vanilleeis und verschiedenen Sorbets. Zur eigenen Herstellung dieser Marmelade eignen sich die großen Früchte der Kartoffelrose (*Rosa rugosa*) besser, die früher als die kleinen, wilden Hagebutten reifen, weil sie mehr Fruchtfleisch besitzen und sich leichter entkernen lassen, wenn man das möchte (vgl. Rezept).

Rezepte

ROSENBLATTGELEE

3 Tassen rote duftende Rosenblätter ohne die hellen Blattansätze, ½ l Wasser, 350–400 g Gelierzucker, 200 ml roter Traubensaft, Saft von 2 Zitronen, 2 EL Rosenwasser.
Rosenblätter in dem Wasser mit etwa 100 g Zucker aufkochen, danach etwa fünf Minuten weiter köcheln und über Nacht stehen lassen, damit das Aroma einzieht. Die Rosenblätter abseihen, die Flüssigkeit mit Traubensaft eine Minute sprudelnd aufkochen, den restlichen Gelierzucker einrühren, nochmals 1 Minute sprudelnd kochen lassen. Topf von der Kochplatte schieben. Prüfen, ob das Gelee steif genug wird: 1 TL in eine Untertasse gießen. Wenn es sich nach dem Erkalten beim Drücken mit dem Finger aufwölbt, ist es steif genug, wenn nicht, noch weiter kochen. Das Rosenwasser in die heiße Masse geben, umrühren. Dann in der üblichen Weise in Gläser füllen.

HAGEBUTTEN-MARMELADE

2 kg Hagebutten der Kartoffelrose, ¾ l Wasser, 1 kg Gelierzucker.
Die geputzten Hagebutten im Dampftopf oder zugedeckten Topf in der angegebenen Wassermenge kochen, bis sie so weich sind, dass sie sich durch ein gröberes Sieb drücken lassen. Die heißen Hagebutten portionsweise in das Sieb füllen, das über einem Topf liegt, und mit dem Stampfer die Früchte durchdrücken; die zurückbleibende Haut und die Körner entnehmen. Anschließend das entstandene Mus nochmals durch ein Haarsieb streichen, um alle Kerne zu entfernen. Das etwas dünnflüssige Mus mit dem Gelierzucker etwa drei Minuten aufkochen und in der gewohnten Weise in Gläser füllen.

LINKE SEITE
Alte Rosen schauen über den Zaun.

FOLGENDE DOPPELSEITE LINKS
Rosenblüten wie Hagebutten überraschen mit großem Formenreichtum.

FOLGENDE DOPPELSEITE RECHTS
Seit manchem Jahr rankt der alte Rosmarin über die Mauer.

ROSMARIN
ROSMARINUS OFFICINALIS
Marienkraut, Hochzeitsblümchen, Balsamstrauch, Totenblume

In der italienischen und französischen Küche ein unverzichtbares Gewürz

|➺| **WISSENSWERTES** Der Rosmarin war bei den Griechen ein der Liebesgöttin Aphrodite heiliger Strauch. Nach einer christlichen Legende legte Maria auf der Flucht nach Ägypten ihren Mantel auf einen Rosmarin. Seitdem blüht er himmelblau und schützt die Menschen vor bösen Geistern, vor allem bei Geburt, Hochzeit und Tod.

|➺| **AUSSEHEN UND MERKMALE** Ursprünglich stammt der aromatisch duftende, immergrüne, nur langsam wachsende Lippenblütler mit seinen nadelförmigen, ledrigen Blättchen und seinen blassvioletten bis blauen Blüten aus dem Mittelmeerraum. Deshalb liebt er auch im Garten einen sonnigen Platz. Da sich der Strauch jedoch nicht ganz an unsere Winterkälte gewöhnt hat, wurde er schon zur Zeit der Kräuterväter im Kübel gezogen. Nur in wärmeren Gegenden Deutschlands, den Gebieten des Weinbaus, überwintert er auch draußen, vor allem an einem windgeschützten Platz. Nach der Blüte sollte man ihn kräftig zurückschneiden, um ihn in „Form" zu halten, da er leicht verholzt und dann weniger attraktiv aussieht.

|➺| **INHALTSSTOFFE UND WIRKUNG** Da Rosmarinblätter verschiedene ätherische Öle, Gerb- und Bitterstoffe, Harze, außerdem Flavonoide enthalten, wurde in der Volksmedizin Rosmarintee aus den Blättern bei niedrigem Blutdruck und bei zu geringer Gallen- und Magensaftproduktion empfohlen; Rosmarinöl wird heute noch bei Gliederschmerzen aufgetragen oder als kreislaufanregender Badezusatz bei niedrigem Blutdruck verwendet. Eine heilende Wirkung wurde dem „Marienkraut" erst in den Kräuterbüchern des 16. Jahrhunderts nachgesagt. Otto Brunfels (1530) und Leonhart Fuchs (1543) behaupteten, Rosmarin halte jung oder mache wieder jung, der Rauch seiner in die Glut geworfenen Ästchen vertreibe Schnupfen, Husten und sogar die Pest.

|➺| **VERWENDUNG IN DER KÜCHE** Die italienische und französische Küche ist und war ohne das unverwechselbare Aroma des Rosmarins nicht denkbar. Wegen seiner intensiven Würzkraft sollte man ihn auf jeden Fall behutsam dosieren. Um zu vermeiden, dass er viel von seinem Geschmack verliert, sollte man ihn erst gegen Ende der Kochzeit dem Gericht beifügen. Hervorragend schmeckt er zu Wild, Lamm und Schwein, verleiht aber auch Saucen oder Gemüse einen Hauch südländischer Küche. Bei einem Ästchen im Grillfeuer erschnuppert die Nase am Grillgut eine Spur des würzigen Dufts, außerdem machen Insekten einen größeren Bogen um den Grillplatz. Klein gestoßene junge Blätter, die in Zuckerlösung eingelegt und nach einigen Tagen abgeseiht und kühl gestellt werden, verleihen als aromatischer Sirup Süßspeisen einen unvergleichlichen Geschmack.

Rezepte
VERDAUUNGS-FÖRDERNDER TEE
1 TL Rosmarinblätter mit kochendem Wasser übergießen, 15 Minuten ziehen lassen, abseihen.

LAMMRAGOUT MIT ROSMARIN
500 g Lammschulter, in mundgerechte Stücke geschnitten, 4 EL Olivenöl, 2 kleine Zwiebeln und 1 Knoblauchzehe, beides fein gehackt, 1 Rosmarinzweig, 125 ml Weißwein, 600 g Tomaten, in Stücke geschnitten, Salz und Pfeffer, 80 g Parmesan, frisch gerieben.
Die Fleischstücke von allen Seiten in Olivenöl anbraten, die Zwiebeln und den Knoblauch dazugeben und kurz weiterbraten; anschließend Rosmarinzweig, Wein und Tomatenstücke zugeben und zugedeckt etwa 15 Minuten schmoren, bis das Fleisch gar ist; Rosmarinzweig entnehmen, mit Salz und Pfeffer abschmecken, anrichten, mit dem Parmesan bestreuen. Zu Weißbrot oder Spaghetti servieren.

LINKE SEITE
Immer wieder neu treibt der verholzte Stock und lockt mit würzigem Duft nicht nur Insekten.

SALBEI
SALVIA OFFICINALIS
Königssalbei, Edelsalbei, Sophien-, Frauen-, Muskatenkraut, Lebens-strauch, Altweiberschmecke, Zahn-blätter

Ein Lebenselixier – drei Blättchen pro Tag fördern die Gesundheit

|➤| **WISSENSWERTES** Während des ganzen Mittelalters bis weit in die Neuzeit war der Salbei als Heil- und Gewürzpflanze hoch geschätzt, was schon der Name belegt, der sich vom lateinischen *salvare* („heilen", „retten") ableitet. Der Reichenauer Mönch Walahfrid Strabo (808/09–849), der dem Kraut den ersten Platz in seinem Gartengedicht einräumt, charakterisiert ihn so: *Süß von Geruch, voll wirkender Kräfte und heilsam zu trinken. / Manche Gebresten (Gebrechen) der Menschen zu heilen, erwies er sich nützlich.* In der Schule von Salerno (12. Jahrhundert) kursierte sogar der Satz: *Wieso stirbt ein Mensch, der Salbei im Garten hat?* mit der Antwort: *Weil wider den Tod kein Kraut gewachsen ist.* Salbei galt als Universalmedikament. Noch ein halbes Jahrtausend später empfahl Hieronymus Bock den Armen, die sich keinen Arzt leisten könnten, sich mit Salbei zu kurieren.

|➤| **AUSSEHEN UND MERKMALE** Der niedrige, würzig riechende Salbeistrauch mit seinen graugrünen, gelbgrünen oder dunkelroten, filzigen Blättern, der aus den heißen Macchien des Mittelmeerraumes stammt, hat im Hochsommer blau-violette Blüten an ährenförmigen Blütenständen. Er erreicht eine Höhe von 20 bis 70 Zentimetern. Wichtig ist es, den Strauch nach der Blüte kräftig zurückzuschneiden, da er sonst schnell verholzt. Die getrockneten Blätter verlieren nur wenig von ihrem Aroma. Es gibt Hunderte von Abarten des Salbeis mit unterschiedlichen Blatt- und Blütenfarben und -formen und verschiedenen Aromen, u.a. den Muskatellersalbei (*Salvia sclarea*). Dieser dekorative, rosa blühende Strauch, der auch im Blumentopf ein Blickfang ist, wurde schon im Altertum bei der Parfümherstellung verwendet, im Mittelalter machten Winzer ihren Wein damit zu „echtem" Muskateller.

|➤| **INHALTSSTOFFE UND WIRKUNG** Durch seine ätherischen Öle, Gerb- und Bitterstoffe wirkt Salbei keimtötend, adstringierend, krampflösend und entzündungshemmend, was ihn für die Hausapotheke wertvoll macht. Auf einem Insektenstich verriebene Salbeiblätter sind ein gutes Mittel, Jucken und Anschwellen zu verhindern. Zudem erleichtert er allgemein die Verdauung, nicht nur die fetter Speisen.

|➤| **VERWENDUNG IN DER KÜCHE** Frischer Salbei ist ein Standardgewürz der mediterranen Küche, das würzig und ein wenig bitter schmeckt und sein volles Aroma erst beim Kochen entfaltet. In kleinen Mengen verfeinert es Lamm-, Wild- und Fischgerichte.

Rezepte

TEEREZEPT FÜR EINEN AROMATISCHEN TEE BEI HALSENTZÜNDUNGEN UND BEGINNENDER ERKÄLTUNG
Auf ½ TL klein geschnittene, am besten frische Salbeiblätter ¼ l kochendes Wasser gießen, zehn Minuten ziehen lassen, abseihen, eventuell mit Honig süßen.

SALBEIBUTTER
100 g weiche Butter, 2 EL Salbeiblätter, fein gehackt, 1 TL Zwiebelpüree (aus der Knoblauchpresse), 1 TL Zitronensaft, Salz.
Butter mit Handrührer vorsichtig cremig rühren, Zutaten zugeben, mit Salz abschmecken, in eine kleine Schale füllen und kalt stellen, bis die Butter wieder fest ist. Zu Lamm- oder Hirschsteaks oder zu gegrillten Tomaten servieren.

BRATKARTOFFELN MIT SALBEI
1 kg kleine neue Kartoffeln, die sich noch bürsten lassen, 2 mittlere Zwiebeln, 200 g Schinkenspeck in Stückchen, 4 EL Olivenöl, Blättchen von 1 Ästchen Salbei, Salz und Pfeffer.
Die gebürsteten Kartoffeln in Salzwasser gar kochen und halbieren; anschließend die klein geschnittenen Zwiebeln und die Speckstückchen in der Pfanne im heißen Öl knusprig braten, aus der Pfanne nehmen, auf einen Teller geben. Die halbierten Kartoffeln in dem heißen Fett goldbraun braten; Speck, Zwiebeln und Salbeiblättchen unterrühren und alles mit Salz und Pfeffer abschmecken.

LINKE SEITE
Salbei mit farbigen Blättchen ist ein besonderer Blickfang im Garten.

FOLGENDE DOPPELSEITE LINKS
Salbei, ein geschätztes Gewürz mediterraner Küche, wächst in vielen Varianten.

FOLGENDE DOPPELSEITE RECHTS
Die fiedrigen Blütenstände des Sauerampfers sind ein typischer Anblick auf Sommerwiesen.

a

SAUERAMPFER
RUMEX ACETOSA
Säuerling, Sauerklee, Sauerknöterich, Haderlump, Roter Heinrich

Ein beliebtes Gewürz der feinen französischen Küche

| ► | **WISSENSWERTES** Seinen lateinischen Namen leitet man von *rumare* („lutschen", „genießen") ab. Die römischen Legionäre sollen auf ihren zahlreichen Märschen den entlang der Heerstraßen wachsenden Sauerampfer als Mittel gegen ihren Durst gelutscht haben. Hildegard von Bingen (1098–1179) konnte dagegen dem „Säuerling" nichts abgewinnen. Er nütze nur dem Ochsen, nicht dem Menschen, meinte sie. Dagegen versicherte der Kräutervater Tabernaemontanus 1588, Sauerampfer mit Weinessig *erweckt und bringet wiederum die Lust zu essen*. Zur Zeit der Tudors (1485–1603) galt der Sauerampfer in England als ein besonders schmackhaftes Gemüse.

| ► | **AUSSEHEN UND MERKMALE** Auf feuchten, sauerbodenreichen Wiesen gedeiht der ursprünglich als Wildpflanze in Europa, Asien und Nordamerika wachsende, ausdauernde Sauerampfer besonders gut. Mit seinen bis über einen Meter hohen, schlanken, rötlich gefärbten Stängeln mit saftigen, pfeilförmigen Blättern und den langen, zunächst grünlichen, später rötlich gefärbten Rispen überragt er die meisten anderen Wiesenblumen. Bei der gezüchteten Gartenform mit ihren großen Blättern genügt eine Staude in einer leicht feuchten Gartenecke oder im Topf für den Hausgebrauch. Mittlerweile sind weitere Formen mit roten oder rotadrigen Blätter auf dem Markt, die im Garten durchaus den Blick auf sich ziehen. Um länger Freude an saftigen Blättern zu haben, sollte man aber die Blütenstiele stets entfernen.

| ► | **INHALTSSTOFFE UND WIRKUNG** Sauerampfer enthält reichlich Vitamin A und C, Gerb- und Bitterstoffe, Mineralien, aber auch giftige Oxalsäure. Wegen ihr sollte man Ampfer nur selten und in geringer Menge roh verzehren. Dagegen ist der Genuss gedünsteter oder gekochter Blätter unbedenklich, wenn man etwas Milch hinzufügt, da das darin enthaltene Kalzium die Oxalsäure in eine unlösliche Form umwandelt. Die Pflanze wirkt blutreinigend und verbessert den Hämoglobingehalt. Sauerampfersaft entfernt Belag von Silbergeschirr.

| ► | **VERWENDUNG IN DER KÜCHE** Sauerampfer ist ein altes Frühlingsgemüse, dient aber auch als Salatbeigabe und Suppengewürz. In der Rhön wächst fast in jedem Bauerngarten Ampfer, und Sauerampfersuppe ist dort Tradition. Vor allem in der feinen französischen Küche verwendet man das Kraut gern als würzige Beigabe.

FRANKFURTER GRÜNE SAUCE
3 hart gekochte Eier, 2 EL Kräuter- oder Weinessig, 100 ml Sonnenblumenöl, 125 g Saure Sahne, mindestens 7 verschiedene Sorten fein gehackte Kräuter ohne grobe Stiele wie z.B. Sauerampfer, Petersilie, Schnittlauch, Kerbel, Kresse, Borretsch, Estragon, zusammen 2 Tassen voll, Salz und Pfeffer.
Das Eigelb mit der Gabel zerdrücken, mit Essig verrühren und nach und nach das Öl unterschlagen, bis eine sämige Sauce entsteht. Das klein gewürfelte Eiweiß, die Saure Sahne und die Kräuter unterrühren und alles mit Salz und Pfeffer abschmecken. Passt zu gekochtem Fleisch, Fisch oder Geflügel.

Rezepte
KALTE SAUERAMPFER-CREME ALS DIP
15–20 junge Sauerampferblätter, je 6 EL Frischkäse, Naturjoghurt und Saure Sahne, 1 TL Zitronensaft, Salz.
Alle Zutaten in den Mixer geben, pürieren, mit etwas Salz abschmecken, gut gekühlt servieren. Diese pikante säuerliche Sauce passt zu gemischtem und grünem Salat, zu gegrilltem Fleisch, kalten Fischfilets, Geflügelsalat oder hart gekochten Eiern.

LINKE SEITE
Vom römischen Schildampfer bis zum rotadrigen Gartensauerampfer reichen die Variationen.

SCHLAFMOHN
PAPAVER SOMNIFERUM
Gartenmohn, Ölmagen

Mohnkuchen – ein besonderer Genuss

⇥ WISSENSWERTES Bei der Erwähnung des Namens Mohn denken die einen an Gebäck, die anderen an Opium. Jedenfalls war die Pflanze schon früh ein lukratives Handelsgut, das bereits einige Jahrtausende v. Chr. vom westlichen Mittelmeer bis zum Niederrhein transportiert wurde. Das geschah wohl kaum nur zur Ölgewinnung und für Mohnkuchen. Jedenfalls war den Griechen bereits um 1300 v. Chr. die berauschende Wirkung bekannt. 1803 entdeckte der Paderborner Apotheker Friedrich Sertürner das Morphium als Opiumbestandteil. Dieses ist bis heute aus der Schmerztherapie nicht wegzudenken.

⇥ AUSSEHEN UND MERKMALE Bei dieser hochstrebenden, einjährigen Pflanze mit ihren grau-grünen Blättern an hohem Stängel öffnen sich während des Sommers die zarten Blütenblätter in einer breiten Farbskala von Weiß über Rosa bis Tiefviolett, jedes mit dem typischen dunklen Fleck in der Blattmitte. Variationsreich sind auch die Blütenformen: Es gibt ungefüllte und gefüllte Blüten, manche mit gefransten Blütenblättern. Die wunderschönen Mohnblüten sind dann ein Schmuckstück des Gartens und sorgen durch die Verteilung der Samen selbst für ihre Wiederkehr. Nach dem Abblühen vergrößert sich die kräftige Fruchtkapsel mit dekorativem Häubchen, die den feinen schwärzlichen Mohnsamen enthält. Nur dieser Samen ist ungiftig, alle anderen Bestandteile der Pflanze, auch die Blütenblätter, sind giftig, da sie den milchigen Saft enthalten. Unser wilder Klatschmohn (*Papaver rhoeas*) dagegen mit seinen scharlachroten Blüten, der an Feld- und Wegrändern wächst, ist völlig ungiftig.

⇥ INHALTSSTOFFE UND WIRKUNG Die gesamte Pflanze enthält Alkaloide, insbesondere Morphin, Codein, Papaverin und Narcotin. Diese Stoffe wirken narkotisierend, schmerzstillend, schlaffördernd und hustenlindernd. Der ungiftige Samen aber enthält vor allem Öl.

⇥ VERWENDUNG IN DER KÜCHE Mohnsamen wird vorwiegend im Mohngebäck wie Mohnbrötchen, Mohnstrudel und Mohnkuchen verarbeitet, während das aromatische Samenöl als Zusatz in Salatölen Verwendung findet.

Rezepte

MOHNKUCHEN IN DER SPRINGFORM
Knetteig: 180 g Mehl, 100 g Butter, 60 g Zucker, 1 Messerspitze Backpulver.
Aus diesen Zutaten einen Teig kneten und in der Springform auf Backpapier ausrollen, bei 200 °C zehn Minuten vorbacken.
Mohnbelag: 4 Eigelb, 1 EL warmes Wasser, 140 g Zucker, 1 TL Zitronensaft, 1 Prise Salz, 4 Eiweiß, 150 g gemahlener Mohn (eventuell in einer Kaffeemühle mahlen), 50 g Speisestärke.
Das Eigelb mit dem Wasser schaumig schlagen, die Hälfte des Zuckers zugeben und solange schlagen, bis eine cremige Masse entsteht. Den Zitronensaft und das Salz untermischen. Das Eiweiß zu festem Schnee schlagen, dabei den restlichen Zucker zugeben; Eischnee und Eigelbcreme, Mohn und gesiebte Speisestärke vorsichtig vermengen, auf dem erkalteten Boden verteilen; bei 175–185 °C 25–30 Minuten backen.

LINKE SEITE
Gefüllter Gartenmohn in vergehender Pracht
FOLGENDE DOPPELSEITE LINKS
Mohnblüten und Kapseln, ein besonderer Blickpunkt im Garten
FOLGENDE DOPPELSEITE RECHTS
Auf dem Kräutermarkt ist das Angebot an Schnittlauch groß.

SCHNITTLAUCH
ALLIUM SCHOENOPRASUM
Brotzel(t)

Schnittlauch bildet mit Petersilie, Kerbel und Dill ein grünes Bündnis.

|⇥| **WISSENSWERTES** In China wurde Schnittlauch schon seit Jahrtausenden als Gewürz verwendet. Obwohl er das einzige Zwiebelgewächs ist, das bei uns als Wildpflanze wächst und wuchs, soll er erst Eingang in unsere Küche gefunden haben, als Marco Polo dieses Wissen von seinen Asienreisen mitbrachte.

|⇥| **AUSSEHEN UND MERKMALE** Der mehrjährige, anspruchslose, winterharte, 15 bis 30 Zentimeter hohe Schnittlauch hat röhrige Blätter und kugelförmige, rosa bis violette Blütenköpfchen. Durch sein feines Zwiebelaroma verleugnet er seine Verwandtschaft mit Knoblauch, Zwiebel und Bärlauch nicht. Auf einem nicht zu feuchten, sonnigen Platz treibt er, wenn er abgeschnitten wird, den ganzen Sommer über junge Röhrenblätter, lässt sich aber auch im Topf problemlos ziehen. Außerdem ist die Pflanze mit ihren vielen Blütenköpfchen eine hübsche, Schadinsekten abwehrende und Bienen anlockende Beetabgrenzung. Neben dem üblichen Schnittlauch ist auch Knoblauch-Schnittlauch mit feineren, runden Blättern zu empfehlen.

|⇥| **INHALTSSTOFFE UND WIRKUNG** Schnittlauch enthält u.a. Lauchöl, Vitamin C und Mineralstoffe. Das Kraut gilt als appetitanregend, verdauungsfördernd und harntreibend.

|⇥| **VERWENDUNG IN DER KÜCHE** Die Röhrenblättchen sollte man am besten nur frisch geerntet und klein geschnitten in Salaten, Quark, Rührei, Suppen und bei Fisch verwenden.

Rezepte

SCHNITTLAUCH-PESTO

100 g Pistazien oder Haselnüsse, 6 EL Öl, 1 Bund Bärlauch oder 4 Knoblauchzehen, 3 Bund Schnittlauch, in Röllchen geschnitten, 1 Bund Petersilie, ohne Stiele; 50–60 ml Saure Sahne, Salz und Pfeffer.
Die Pistazien zart in 1 EL Öl rösten, nach dem Abkühlen mahlen. Alle Gewürzkräuter im Mixer zerkleinern, nur den Schnittlauch vorher zerschneiden, da er sonst im Mixer fasert. Die Masse anschließend in einem Gefäß mit den Pistazien, der Sauren Sahne und dem restlichen Öl verrühren, mit Salz und Pfeffer abschmecken, in Gläser mit Schraubverschluss füllen und im Kühlschrank aufbewahren.

SCHNITTLAUCH-QUARK

250 g Quark, 4 TL Schnittlauchröllchen, 1 kleine pürierte Zwiebel, 1 TL Paprikapulver, edelsüß, 4–6 EL Milch oder Sahne, Salz.
Alles in ein Gefäß geben und mit dem Rührfix cremig verrühren.

LINKE SEITE
Knospender und blühender Schnittlauch

SELLERIE
APIUM GRAVEOLENS
Eppich

Ein sehr mineral- und vitaminreiches Gemüse, ein Ass für die Gesundheit

|➻| **WISSENSWERTES** Schon Homer betrachtete den Eppich als einen den Göttern angemessenen Augenschmaus. Denn in der Odyssee lesen wir: *Wiesen ... mit Violen und Eppich / Selbst ein unsterblicher Gott verweilte, wenn er vorüberging / voll Verwunderung dort und freute sich herzlich des Anblicks.* Die Römer pürierten die Stängel mit Pfeffer, Liebstöckel und Zwiebeln und schmeckten die Creme mit Wein ab. Sellerieblätter, mit Datteln und Pinienkernen gemischt, waren bei ihnen eine beliebte Spanferkelfüllung. Auch in Walahfrid Strabos (808/809–849) Garten fehlte Sellerie nicht; der Dichter lobte seine harntreibende und entwässernde Wirkung.

|➻| **AUSSEHEN UND MERKMALE** Die Wildform (*Apium umbelliferae*) kommt bei uns nur noch selten vor, weil salzhaltige, feuchte Wiesen rar geworden sind. Das Aroma dieser Sorte ist deutlich intensiver als das der kräftigeren Kulturformen, die sich erst seit dem 16. Jahrhundert durchsetzten. Die zweijährige Pflanze, die gewöhnlich im ersten Jahr geerntet wird, blüht erst im zweiten Jahr mit gelblich-weißen Dolden. Sie hat gerillte Stängel und glänzende, gefiederte Blätter und kommt in mehreren Formen vor. Der Knollensellerie (*Apium var. rapaceum*) besitzt eine fleischige, rübenförmige Wurzel, die roh oder gekocht als Gemüse oder Salat serviert wird. Der Staudensellerie (*Apium var. dulce*) hat verdickte Blattstiele und wird zu Bleichsellerie, wenn man die Stiele ein paar Wochen vor der Ernte mit Erde bedeckt. Der Schnitt- oder Wurzsellerie (*Apium var. secalinum*) – er ist der Wildform am ähnlichsten – ist wegen seiner kleineren, besonders aromatischen Blättchen, die schnell nachwachsen, vor allem Gewürzpflanze.

|➻| **INHALTSSTOFFE UND WIRKUNG** Die gesamte Pflanze enthält ätherische Öle, die durch ihre Zusammensetzung den Stoffwechsel anregen und dadurch bei Rheuma und Gallenstauungen positiv wirken. Außerdem ist sie enzym- und vitaminreich (Vitamine A, C, E), enthält viele Mineralien sowie Spurenelemente und wirkt entwässernd und entschlackend.

|➻| **VERWENDUNG IN DER KÜCHE** Zum Würzen von Suppen, Salaten, Marinaden und Fleischfüllungen eignen sich alle Selleriearten einschließlich ihrer Samen. Bevorzugt wird heute Bleichsellerie, der roh, gedünstet oder gekocht leicht zu verarbeiten ist. Bekannt ist Knollensellerie als Bestandteil des Waldorfsalats. Wohlschmeckend ist auch ein mit Petersilie, Estragon oder Kerbel gewürzter Knollenselleriesalat. In Südtirol mag man die Knolle auch gebraten.

LINKE SEITE
Historische Abbildung des Sellerie
FOLGENDE DOPPELSEITE LINKS
Knollen-, Stangen- und Schnittsellerie – ein reichhaltiges Angebot für die Küche
FOLGENDE DOPPELSEITE RECHTS
Hauchzarte Senfblüten im Frühtau

Rezepte
GEBACKENE SELLERIESCHEIBEN
1 Sellerieknolle, Mehl, Ei, Paniermehl, Salz, Pfeffer, Muskat, Öl.
Die Knolle in ½ Zentimeter dicke Scheiben schneiden, in Salzwasser fünf Minuten kochen, abtropfen lassen. Die Scheiben dann in der aus Mehl-, Ei- und Paniermehl gerührten Masse, die mit Salz, Pfeffer und geriebener Muskatnuss gewürzt wird, drehen und in heißem Öl goldgelb braten. Als Beigabe zu gebratenem oder gedünstetem Fisch oder zu Tomatensauce servieren.

WEISSER SENF
SINAPIS ALBA

Eines der gesündesten Gewürze

LINKE SEITE
Vom Samen über Keimlinge, junge Blättchen und Blüten ist Senf vielfach verwendbar.

WISSENSWERTES Wie Funde aus der Steinzeit belegen, gehört Senfsamen zu den ältesten Gewürzen und Heilmitteln. Nach Plinius († 79 n. Chr.) kannten die Römer gut 40 mit Senf gemischte Arzneien. Außerdem verwendeten sie ihn bei vielen Gerichten. Ein Senfaufguss galt als zuverlässiges Aphrodisiakum. Auch nördlich der Alpen wollten die Eroberer nicht auf die umfangreichen Dienste der Pflanze verzichten und brachten sie mit sich. In späterer Zeit war mit Senf durchaus Geld zu verdienen, wie die Stadt Dijon beweist, die im 13. Jahrhundert ein königliches Privileg für die Senfherstellung erhielt. Noch heute ist der Dijonsenf sehr bekannt.

AUSSEHEN UND MERKMALE Heute wird kaum jemand noch Senf im Garten anbauen, es sei denn als wertvolle Gründüngung. Deshalb findet man den unscheinbaren einjährigen Kreuzblütler mit seinen gelben Blütchen, den langen Fruchtschoten und den oben lanzettenförmigen, unten unregelmäßig gebuchteten Blättern fast nur noch verwildert an Wegrändern und auf Schuttplätzen oder eben als Gründünger auf Äckern. Von den verschiedenen Senfarten werden in der Küche hauptsächlich die cremefarbenen Samen des Weißen Senfs verwendet, z.B. für eingelegte Gurken und Marinaden, dagegen Schwarzer und Brauner Senf, benannt nach der Farbe der Senfkörner, hauptsächlich bei der Herstellung von verschiedenen Senfarten.

INHALTSSTOFFE UND WIRKUNG Senf enthält vor allem das scharf schmeckende Senföl (bis zu 30 Prozent). Zu Großmutters Zeiten wurden aus dem zerstoßenen Samen Senfpflaster hergestellt und gegen Gicht und Rheuma, aber auch bei Grippe aufgelegt. Weil sie aber die Haut zu sehr reizen, sind sie aus der Mode gekommen.

VERWENDUNG IN DER KÜCHE Groß ist die Auswahl bei handelsüblichen Senfarten, vom scharfen Löwen- über den süßen bayerischen oder den Dijonsenf, der mit Traubenmost angesetzt wird, bis zum englischen Senf mit seinen Obstvarianten. Deshalb lohnt sich bei Saucen und Marinaden das Experimentieren mit verschiedenen Senfarten. Auch Salatdressing wird durch einen Teelöffel Senf einer milderen Art pikanter. Die kleinen, leuchtend gelben Senfblüten sehen nicht nur hübsch in Salaten und als Verzierung bei Fleischgerichten aus, sie schmecken auch würzig. Senfkeimlinge, die man leicht auf Torf keimen lassen kann, schmecken über Salate, Suppen etc. gestreut, würzig und pikant

---

Rezepte

MARINADE ZUM BEIZEN VON GRILLGUT
1 EL Weinessig oder Most (daher der Name „Mostrich" für Senf), 4 EL Öl, 2 EL zerstoßene Senfkörner, Salz und Pfeffer. Essig und Öl mit den Gewürzen zu einer sämigen Paste verrühren, auf das Grillgut streichen und je nach gewünschter Geschmacksintensität entsprechend lang im Kühlschrank ziehen lassen.

SENF-THYMIAN-PASTE FÜR EINE KÖSTLICH-LECKERE KRUSTE AUF HÄHNCHENSCHENKELN
2 EL Senfkörner, 3 EL Mehl, 1 EL fein gehackter Thymian, 3 EL Olivenöl, 1 EL Zitronensaft, Salz, Pfeffer.
Die Senfkörner mit dem Mörser zerstoßen, alle Zutaten zu einer Paste verrühren. Die Hähnchenschenkel mit dem Backpinsel bestreichen und bei 200 °C im Backofen braten.

SENF-DILL-DIP
1 EL Dijon- oder süßer bayerischer Senf, 1 EL Olivenöl, 4 EL Naturjoghurt, 4 EL Saure Sahne, Saft einer halben Zitrone, 1 EL Apfelessig, 3 EL klein gehackter Dill, 1 EL klein geschnittene Petersilie. Den Senf mit dem Öl cremig rühren, dann nach und nach den Joghurt, die Sahne, den Zitronensaft, den Essig und zuletzt den Dill und die Petersilie einrühren. Die Sauce passt zu gegrilltem Fleisch und gekochtem Fisch.

ECHTER THYMIAN
THYMUS VULGARIS
Gartenthymian, Römischer Quendel, Frauen-, Mutterkraut, Maria Bettstroh, Demut

Rezepte
THYMIANTEE BEI ERKÄLTUNG UND GRIPPE ODER BEI BLÄHUNGEN
1–2 TL frische oder getrocknete Blättchen mit kochendem Wasser übergießen, zehn Minuten ziehen lassen, abseihen.

HEIDELBEER-THYMIAN-KONFITÜRE
1 kg Heidelbeeren, 500–700 g Gelierzucker, 6 EL Zitronensaft, 4 EL junge Thymianblättchen, fein gehackt, 1 kleine Zimtstange, in Stücke gebrochen.
Alle Zutaten außer dem Zimt in einem hohen Kochtopf vermischen, unter Rühren zum Kochen bringen. Mindestens drei Minuten sprudelnd kochen lassen, den Schaum abschöpfen und noch heiß in mit Deckel verschließbare Gläser füllen. In jedes Glas ein Stück Zimt geben, die Gläser verschließen und gedreht 15 Minuten stehen lassen.

LINKE SEITE
Meist erschließt sich erst auf den zweiten Blick die farbliche Vielfalt des zarten Thymians.

FOLGENDE DOPPELSEITE LINKS
In den zarten Blättchen des Thymians steckt große Würzkraft.

FOLGENDE DOPPELSEITE RECHTS
Mit harten Nadeln bewehrt, schützt Wacholder seine Früchte.

Ein bescheidenes Kraut mit starkem Aroma und wertvollem Inhalt

WISSENSWERTES Im Unterschied zu unserem einheimischen Thymian, Quendel genannt, der wild vorkommt, stammt der Gartenthymian aus den Mittelmeerländern. Die alten Ägypter verwendeten Thymianöl auch beim Einbalsamieren, die Griechen liebten seinen Duft, der den Menschen zuversichtlich stimme – der Name der Pflanze ist vom griechischen Wort *thymos* („Mut") abgeleitet –, und schätzten das Aroma in der Küche. Noch im Mittelalter kannte man die Bedeutung des griechischen Namens. Deshalb schenkte mitunter die „Herzdame" ihrem Ritter ein Thymianästchen.

AUSSEHEN UND MERKMALE Dieser wintergrüne, ausdauernde, nur 20 bis 30 Zentimeter hohe, dicht verzweigte Halbstrauch mit seinen schmalen, dunkelgrünen, manchmal hellrandigen Blättchen und den in Büscheln stehenden, weißen bis purpurroten Lippenblütchen mag im Garten einen sonnigen, trockenen Platz. Seine winzigen Samen reifen in Kapseln. Das „Frauenkraut" lässt sich auch gut im Topf ziehen. In jedem Fall sollte man es nach dem Abblühen zurückschneiden, damit es neu austreibt. Aus diesem Grund eignet sich der kleine Strauch auch als duftende, Ungeziefer abwehrende Beeteinfassung. Neben dem Gartenthymian findet man auf den Wochenmärkten eine Reihe in Aussehen, Duft und Geschmack sehr unterschiedlicher Mitglieder der Thymianfamilie. Ihre Blättchen sind hellgrün bis grün-weiß gescheckt, sie kriechen oder recken sich auf und verströmen ein zartes oder auch intensives Zitronen-, Kümmel- oder Orangenaroma.

INHALTSSTOFFE UND WIRKUNG Alle Thymianarten enthalten viel ätherisches Öl – zu seinen Hauptbestandteilen gehören Thymol, das man seit dem 18. Jahrhundert isolieren kann und als Antiseptikum verwendet –, ferner Gerbstoffe und Flavonoide.

VERWENDUNG IN DER KÜCHE Thymian ist ein gesundes, kräftiges Gewürz, das zu gedünstetem oder gegrilltem Fleisch, zu Hülsenfrüchten, Suppen und Rohkost passt. Vor allem in der französischen Küche ist Thymian sehr beliebt; er ist Bestandteil des *Bouquet garni*, des französischen Würzsträußchens, zu dem noch Petersilie und Lorbeer gehören, und wird in vielen Fleisch-, Fisch- und vegetarischen Gerichten verwendet. Es ist grundsätzlich ratsam, ihn wegen seines dominanten Aromas recht vorsichtig zu dosieren. Dabei sollte man beachten, dass er getrocknet noch intensiver schmeckt als frisch.

Pinaceae.

27. *Juniperus communis L.*   **Gemeiner Wacholder.**

WACHOLDER
JUNIPERUS COMMUNIS
Machandel, Feuerbaum, Weihrauchbaum

Mit Wacholderschinken gegen Hexen gefeit!

Rezepte

KANINCHENPASTETE MIT KRÄUTERN UND WACHOLDERBEEREN

300 g Kaninchenfleisch ohne Knochen, 6 EL Olivenöl, 1 Knoblauchzehe, 200 g Schweinemett, 10 Wacholderbeeren, je 1 TL Petersilie, Salbei und Beifuß, 3–4 Eier, 4 EL trockener Weißwein, 2 EL Wacholderschnaps, 1 Messerspitze Muskat und Salz, 6 Lorbeerblätter. Das Kaninchenfleisch im Öl ringsum anbraten, den ausgepressten Knoblauch dazugeben und bei geschlossenem Deckel 30 bis 40 Minuten gar schmoren. Das erkaltete Fleisch durch den Wolf drehen, mit Schweinemett, Wacholderbeeren, klein gehackten Kräutern, Eiern, Wein, Schnaps, Muskat und Salz kräftig durchkneten. Eine Pasteten- oder Kastenkuchenform einfetten (eventuell mit Backpapier auslegen) und die Lorbeerblätter auf den Formboden legen. Die Masse einfüllen und alles bei 190–200 °C im Backofen backen. Aus der Form nehmen, warm servieren oder abkühlen lassen und aufschneiden. Dazu passt eine sauer-süße Sauce.

LINKE SEITE
Der Wacholder gehört zu den Zypressengewächsen.

WISSENSWERTES Zumindest der Duft des Wacholders hatte es Menschen schon früh angetan. Rezepte für die Herstellung von Parfüm aus den Beeren gab es schon um 1200 v. Chr. auf der Peloponnes. Bei unseren Vorfahren war der Wacholder oder Machandel wie der Holunder ein zauberkräftiger heiliger Baum und Hüter des Hofs. Diese Vorstellung überdauerte das Mittelalter. Es war lange eine weit verbreitete Überzeugung, dass der Rauch seiner Zweige, bei Gefahr in die Glut geworfen, alles Böse, Hexen und sogar die Pest vertreibe.

AUSSEHEN UND MERKMALE Dieser immergrüne Strauch mit seinen stachligen Nadeln und unscheinbaren Blüten ist überaus anspruchslos und zäh, denn nicht einmal der Verbiss von Ziegen und Schafen schadet ihm nachhaltig. Wie beim Wachsen lässt er sich auch beim Reifen der Früchte Zeit; erst im zweiten oder dritten Jahr werden aus den grünen Kügelchen die blauvioletten reifen Früchte. Vom Hochgebirge bis zum Flachland der nördlichen gemäßigten Zone findet man ihn wild; im Garten erweist er sich als sehr genügsamer Geselle, der allerdings die Sonne liebt. Da Wacholder zweihäusig ist – das heißt männliche und weibliche Blüten wachsen auf zwei verschiedenen Pflanzen – sollte man stets ein Pärchen pflanzen.

INHALTSSTOFFE UND WIRKUNG Die Beeren enthalten nadelbaumspezifische ätherische Öle und Gerbstoffe, die durchblutungs- und verdauungsfördernd, entwässernd und blutreinigend wirken. Verwendet man sie als Gewürz oder im Kräutertee in Maßen, ist die Wirkung positiv. Eine höhere progressive Dosierung, wie sie früher vor allem Sebastian Kneipp zur Blutreinigung empfahl, ist bedenklich, da sie zu Nierenschäden führen kann.

VERWENDUNG IN DER KÜCHE Wacholderbeeren verlieren auch durch Kochen und beim Marinieren nicht an Kraft. Sie eignen sich vor allem zum Würzen von Wildbret, Sauerbraten und Sauerkraut, zum Marinieren von Fisch und Fleisch. Frische Beeren sind aromatischer als getrocknete. Ein paar frische Ästchen im Grillfeuer verbessern wie Rosmarin den Geschmack des Grillguts. Mit Wacholderreisig geräucherter Fisch oder Schinken ist besonders würzig. Man sollte sich als Laie aber aufs Genießen beschränken, was auch für Wacholderschnaps wie Genever, Gin oder Steinhäger gilt.

WALDMEISTER
GALIUM ODORATUM
Maikraut, Herzensfreude

Waldmeisterbowle – seit mehr als einem Jahrtausend ein erfrischendes Maigetränk

Rezepte

WALDMEISTERBOWLE
1 kleines Bund (an-)ge-
trockneter Waldmeister,
2 Flaschen Weißwein,
2 Bio-Orangen, 1 Flasche
Sekt (wahlweise 1 Flasche
Cidre oder Viez).
Den Waldmeister mit ¼ l
des Weins und den in
Scheiben geschnittenen
Orangen etwa eine Stunde
in einem zugedeckten Ge-
fäß ziehen lassen; absei-
hen, den Ansatz in ein
Bowlegefäß gießen, den
restlichen Wein zugießen
und alles kühl stellen.
Unmittelbar vor dem Ser-
vieren den gekühlten Sekt
zugeben.

**WALDMEISTER-
ESSENZ, AUCH
MAITRANKESSENZ
GENANNT**
2 Bund leicht angetrock-
neter Waldmeister (kurz
vor dem Aufblühen), ¼ l
Weingeist (98 Prozent).
1 Bund Waldmeister in ein
Schraubglas füllen, bis
das Kraut leicht gedrückt
ist. Mit dem Weingeist
übergießen, 30 Minuten
ziehen lassen, abgießen,
Kraut ausdrücken. Den
Vorgang mit neuem Kraut
und der bisherigen Flüs-
sigkeit wiederholen. Nach
dem Abseihen ist die Es-
senz fertig.
Für 1 l Würzwein reicht
1 ml der Essenz. Auch hier
kann statt des Weins Cidre
oder Viez verwendet wer-
den. Das ist bei sommerli-
cher Wärme bekömmli-
cher und lässt den Wein-
liebhaber nicht schaudern.

LINKE SEITE
*Waldmeister liebt im
Frühjahr die Sonne, im
Sommer den Schatten
der Buchen. Färberwald-
meister gehört nicht zur
Familie.*

**FOLGENDE
DOPPELSEITE LINKS**
*Der unscheinbare Wald-
meister lässt sich am
ehesten durch seinen
charakteristischen Duft
aufspüren.*

**FOLGENDE
DOPPELSEITE RECHTS**
*Der pikant bittere Ge-
schmack der Weinraute
passt besonders zu Wild-
und Hammelgerichten.*

|➤| **WISSENSWERTES** Waldmeisterbowle – oder genauer: mit Wald-
meister gewürzter Wein – ist seit dem 9. Jahrhundert bekannt. Dem
Prümer Benediktinermönch Wandalbert (854) verdanken wir das erste
nachweisliche Rezept.

|➤| **AUSSEHEN UND MERKMALE** Waldmeister ist ein zierliches Früh-
lingskraut, das im Mai vor allem in lichten Buchenwäldern einen dichten
grünen Teppich mit weißen Tupfen bildet. Die grünen, lanzettenförmigen, festen Blättchen umschließen in gleichen Abständen – wie über-
einander liegende Halskrausen – den Stängel der etwa 20 Zentimeter
hohen Pflanze. Sie besitzt mehrere sternförmige, doldenartige Blüten.
Das mehrjährige Kraut hat einen ausdauernden, kriechenden Wurzel-
stock und vermehrt sich schnell, wenn man einem Ableger in einer schat-
tigen Gartenecke eine humusreiche Stelle gönnt.

|➤| **INHALTSSTOFFE UND WIRKUNG** Neben Gerb- und Bitterstoffen ist
Cumaringlykosid der wichtigste Inhaltsstoff. Beim Trocknen entsteht
dann Cumarin, das den typischen Duft erzeugt. Da dieser Stoff auch
blutverdünnend und krampflösend wirkt und im Verdacht steht, Krebs
zu erregen, sollte man die Verwendung des Krauts nicht übertreiben.
Gerade aufblühende Triebe eignen sich am besten zum Trocknen, weil sie
als Gewürz besonders aromatisch wirken.

|➤| **VERWENDUNG IN DER KÜCHE** Es ist zu empfehlen, Rind- oder
auch Schweinefleisch zur Abwechslung mit einer Waldmeister-Essig-
Mischung zu marinieren. Ansonsten sind es vor allem Getränke, die
durch die Zugabe von Waldmeister einen erfrischenden Akzent erhalten:
Zumindest jeder Berlinbesucher weiß, dass in der „Berliner Weißen" ein
Schuss Waldmeistersirup steckt. Am bekanntesten aber ist die bereits
erwähnte Waldmeisterbowle, von der der Kräutervater Hieronymus
Bock 1539 sagt, sie *soll das hertz erfrewen*, was sie durchaus vermag.

WEINRAUTE
RUTA GRAVEOLENS
Garten-, Kreuz-, Mauerraute, Wein-, Rauten-, Gnadenkraut

Wegen seines bitter-scharfen Geschmacks ein Gewürz für Wild und Hammel

Rezepte
WEINGELEE MIT WEINRAUTEBLÄTTCHEN
½ l würziger Wein, 150 ml Apfelsaft, 1 El Zitronensaft, 400 g Gelierzucker, 3 Blättchen Weinraute. Wein, Apfel- und Zitronensaft und 3 EL Zucker in einen Topf geben, umrühren, kurz aufkochen. Den restlichen Zucker und die Rauteblättchen hinzugeben und weitere drei Minuten sprudelnd kochen. Blättchen entfernen, Gelee in der üblichen Weise in Gläser füllen.

LINKE SEITE
Blätter und Früchte dieser ausdrucksvollen Staude regten in der Gotik die Fantasie der Bildhauer an.

|≥•| **WISSENSWERTES** Älteste Nachweise der Weinraute finden sich in assyrischen Quellen, die sie als Heilkraut erwähnen. Den Römern war sie Heil- und Würzkraut; sie schätzten sie aber auch als Beeteinfassung. Wild wächst die Raute in Italien und auf der Balkanhalbinsel. Bei uns war sie schon im Mittelalter in allen Klostergärten als Heilpflanze zu finden, heute trifft man sie, ausgewildert aus den Gärten der Ritterburgen, vor allem am Mittelrhein in deren Nähe. Als Pestkraut wurde die Weinraute zu Beginn der Neuzeit sehr geschätzt. Heute wissen wir, dass Ratten als Überträger der Seuche ihren Geruch verabscheuen. Sie galt einst sogar als universales Gegengift und auch als Antiaphrodisiakum, weshalb Tabernaemontanus (1522–1590) sie *eine heilsame und gesunde Artzney vor die Geistlichen* nennt.

|≥•| **AUSSEHEN UND MERKMALE** Die 30 bis 50 Zentimeter hohe, dekorative Weinraute mit ihren meist dreifach gefiederten, umgekehrt eiförmigen, graugrünen Blättchen und ihren gekräuselten, gelben Blütchen an Scheindolden braucht einen Platz in praller Sonne und mageren, steinigen Boden, um ihren aromatischen Duft voll zu entfalten. Besonders an heißen Tagen verströmen die kleinen Öldrüsen unter den Blättern ihren bitter-aromatischen Duft, der auch Pflanzenschädlinge fern hält. Diese ausdrucksvolle Staude ist nicht nur Küchenkraut, sondern eine ausgesprochene Zierde in jedem Garten. Damit man immer wieder junge Blättchen ernten kann, muss man aber die verblühten Dolden abschneiden. Wenn man die Pflanze im Garten oder im Kübel zieht, sollte man beachten, dass die Blätter in Verbindung mit Sonnenlicht auf der Haut toxische Reaktionen hervorrufen können.

|≥•| **INHALTSSTOFFE UND WIRKUNG** Die Inhaltsstoffe der Weinraute – ätherisches Öl, Cumarin, Rutin und Alkaloide – bewirken, dass das Kraut appetitanregend, magenstärkend, krampflösend und beruhigend wirkt. Schwangere sollten es auf keinen Fall verwenden, da es Fehlgeburten auslösen kann.

|≥•| **VERWENDUNG IN DER KÜCHE** Das pikant bittere Küchenkraut, das sich allein schon als formschöne duftende Dekoration eignet, passt, sparsam verwendet, zu Wild und Hammel, aber auch zu Rohkostsalaten und Käsegerichten, verliert aber beim Erhitzen sein Aroma. Wie der Name verrät, wurde es häufig auch zum Würzen von sicher weniger edlem Wein benutzt.

WERMUT
ARTEMISIA ABSINTHIUM
Absinth, Wiegen-, Magenkraut, Gottvergess, Bitterer Beifuß

Eine Modedroge des Fin de siècle

|⇥| **WISSENSWERTES** Nach römischer Tradition mischten die Mönche der mittelalterlichen Skriptorien den aus Südosteuropa stammenden bitteren Wermut in ihre Tinte, um das wertvolle Pergament gegen Insekten- und Mäusefraß zu schützen. In der mittelalterlichen Heilkunst war er sehr geschätzt, und im Volksglauben hatte er wegen seines strengen Geruchs einen festen Platz als Abwehrzauber. Bekannter denn als Heilmittel wurde Wermut in Form des Absinths als Modedroge des Fin de siècle, der vor allem Künstler verfielen, die sich unheilbare Gesundheitsschäden zuzogen. In Deutschland wurde Absinth daher 1921 verboten.

|⇥| **AUSSEHEN UND MERKMALE** Diese winterharte, ausladende Staude, die man häufig verwildert antrifft, ist das bitterste Kraut der Gattung Artemisia, zu der auch Eberraute, Estragon und Beifuß gehören. Sie ist mit ihren seidig schimmernden, zwei- bis dreifach gefiederten Blättern und den vielen kleinen, fast kugeligen, gelben Korbblütchen eine stattliche, bis 120 Zentimeter hohe Zier im Hintergrund jedes Würzgartens oder jeder Gewürzecke.

|⇥| **INHALTSSTOFFE UND WIRKUNG** Ähnlich wie die Eberraute enthält Wermut ätherische Öle wie Thujon und Cineol, den Bitterstoff Absinthin, Flavonoide, Gerbstoffe und Vitamin C. Seine Inhaltsstoffe wirken anregend auf das Zentralnervensystem, entzündungshemmend und regen den Gallefluss an. Da sie aber auch das Nervengift Thujon enthalten, sollte man Wermut nur in geringer Menge und über kurze Zeit verzehren oder als Tee trinken. Die italienischen Wermutweine enthalten dagegen nur harmlose Bitterstoffe.

|⇥| **VERWENDUNG IN DER KÜCHE** In der Küche sollte das Kraut wegen seiner Bitterstoffe nur sparsam verwendet werden, ein mitgegartes Blatt bei Hammel-, Wildschweinbraten und Eisbein oder in einer würzigen Gans- oder Entenfüllung ist aber sehr zu empfehlen.

Rezepte
ENTENKEULE MIT WERMUT FÜR 2 PERSONEN
Olivenöl zum Anbraten der Keulen, 2 Entenkeulen, 2 kleine Zwiebeln, fein gehackt, 1 kleine Möhre, in Scheiben geschnitten, ½ Knollensellerie, geraspelt, 1 TL Wermut, fein gehackt, 6–8 Wacholderbeeren, 2–3 Lorbeerblätter, 2–3 Gewürznelken, 2 EL Mehl, 1 Tasse Gemüsebrühe, ½ Tasse Rotwein, Salz.
Das Öl im Eisenbräter erhitzen, die Entenkeulen ringsum anbraten, dann aus dem Bräter nehmen. Alle Kräuter und Gewürze in den Topf geben, mit Mehl bestäuben, umrühren, leicht anrösten. Die Keulen wieder dazugeben, mit Brühe und Rotwein übergießen, aufkochen lassen. Mit geschlossenem Deckel etwa eine Stunde schmoren, die Keule in der Zeit ein- bis zweimal wenden.

LINKE SEITE
Der ursprünglich als Heilkraut geschätzte Wermut kam als Modedroge in Verruf.
FOLGENDE DOPPELSEITE LINKS
Die gelben Korbblütchen des Wermuts sorgen im Garten für Farbkleckse.
FOLGENDE DOPPELSEITE RECHTS
Die immergrüne Heil- und Würzpflanze gilt auch als Insektizid.

Compositae.
13. Artemisiae.

Labiata

YSOP
HYSSOPUS OFFICINALIS
Ipsche, Ipsenkraut, Josefskraut, Hysop, Eisenkraut

Ysop hält Ungeziefer fern und tut dem Magen gut.

LINKE SEITE
Üppig leuchtend blau blüht Ysop im Würzgarten eines Schlosses.

Rezepte

CURRY-KÜRBISSUPPE MIT YSOP

1 kg Muskatkürbis, 3 mittelgroße Kartoffeln, 2 Knoblauchzehen, 4 EL Sonnenblumenöl, 1½ l Gemüsebrühe, 1 Lorbeerblatt, 1 gestrichener TL Curry, 1 Messerspitze Muskat, Salz, Pfeffer, 3 Blättchen Majoran, 100 ml Sahne, 1 TL Ysopblättchen, 30 g Kürbiskerne.

Den Kürbis entkernen und in Würfel schneiden, die Kartoffeln schälen und ebenfalls würfeln, den Knoblauch grob hacken. Das Öl in einem großen Topf erhitzen, den Knoblauch kurz darin anbraten, die Kürbis- und Kartoffelwürfel zugeben, anrösten und mit der heißen Gemüsebrühe ablöschen. Lorbeer, Curry, Muskat einrühren, mit Salz und Pfeffer abschmecken. Das Ganze köcheln lassen, bis die Kürbis- und die Kartoffelwürfel gar sind, etwas abkühlen lassen. Das Lorbeerblatt entnehmen, die Suppe pürieren, Majoran, Sahne und Ysopblättchen zugeben, nochmals abschmecken. Die Kürbiskerne ohne Öl in einem Topf anrösten, dann in die Suppe streuen.

WISSENSWERTES Der aus Kleinasien und Südeuropa stammende Ysop war bei den alten Griechen und Römern eine bekannte Heil- und Würzpflanze. Von dort kam er in die mittelalterlichen Gärten der Klöster und Burgen und wurde vor allem zu einer typischen Bauerngartenpflanze. Zu dieser Wertschätzung hat sicher die Bibel beigetragen, weil König David in seiner Reue spricht (Ps 51,9): *Entsündige mich mit Ysop, dann werde ich rein; wasche mich, dann werde ich weißer als Schnee.*

AUSSEHEN UND MERKMALE Ysop ist ein immergrüner, relativ winterharter, 20 bis 60 Zentimeter hoher Halbstrauch. An der besonders hübschen Gewürzpflanze mit ihren angenehm aromatisch duftenden, lanzettenförmigen Blättern an dicht verzweigtem, kantigem Stängel und den zahlreichen blauen oder rosa Lippenblütchen an Scheinähren zeigen Bienen eine intensive Freude. Schön sind auch die pink- und purpurfarbenen oder gelblichweißen Sorten. Am besten gedeiht Ysop auf leichtem, kalkhaltigem Boden in windgeschützter, aber sonniger Lage. Auch als reichblühende Kübelpflanze, die als altbewährtes Insektizid Ungeziefer und Insekten fernhält, ist er eine Attraktion. Im Herbst sollte man die Pflanze kräftig zurückschneiden.

INHALTSSTOFFE UND WIRKUNG Ysop enthält ätherisches Öl, Gerb- und Bitterstoffe und Flavonoide. Deshalb trägt er zur leichteren Verdauung fetter Speisen bei und hilft denen, deren Magen und Darm zu Verkrampfungen neigen.

VERWENDUNG IN DER KÜCHE Sparsam gebraucht ist das junge Kraut mit seinem zarten Minzaroma eine pikante Würze in Eintöpfen, bei Fleisch- und Fischgerichten, vor allem bei Wild- und Lammbraten. Die leuchtenden Blütchen sind in Obstsalat, Eis und Kuchen, gleich ob frisch, gezuckert oder kandiert, ein Genuss für Auge und Gaumen.

ZITRONENSTRAUCH/ ZITRONENVERBENE
ALOYSIA TRIPHYLLA

Ein zartes Zitronenaroma, vor allem für Limonaden und Marmeladen

|➤| **WISSENSWERTES** Die Spanier brachten im 18. Jahrhundert die stark nach Zitrone duftende Pflanze aus Südamerika nach Europa und verwendeten sie hauptsächlich zur Parfümierung von Seifen.

|➤| **AUSSEHEN UND MERKMALE** Der zarte, mehrjährige Strauch mit den langen, lanzettenförmigen, rauen Blättern – die unterseitigen Ölzellen verströmen den Zitronengeruch – und den kleinen, weiß-violetten Blütchen wird bei regelmäßigem Beschneiden zu einem etwa einen Meter hohen, lichten Strauch. Da er Wärme und Feuchtigkeit liebt, sollte man ihm im Terrakottatopf auf Balkon oder Terrasse als Bereicherung für Auge und Nase einen Platz gönnen. Man kann ihn aber auch als Kletterpflanze ziehen. Im Herbst muss man den Strauch abdecken oder je nach Klima in einem kühlen Raum überwintern.

|➤| **INHALTSSTOFFE UND WIRKUNG** Die Zitronenverbene enthält verschiedene, nach Zitronen duftende ätherische Öle. Als aromatischer Tee, eventuell mit Minzeblättern gemischt, hat sie eine leicht beruhigende Wirkung und lindert bronchiale Beschwerden und Magenverstimmungen.

|➤| **VERWENDUNG IN DER KÜCHE** Vor allem in Frankreich sind die jungen Blätter des Zitronenstrauchs unter dem Namen *verveine* ein bekanntes Würzmittel für Kuchen und Fleischfüllungen. Sie verleihen Fruchtsalaten, Limonaden, Gelees und Marmeladen zitronigen Geschmack.

Rezepte
HIMBEER-ZITRONEN- VERBENE-GELEE

1 kg Himbeeren, 100 ml Apfelsaft, 600 g Gelierzucker, 5 Ästchen Zitronenverbene.
Die Früchte mit dem Apfelsaft aufkochen, entsaften (eventuell im mit Mulltuch ausgelegten Sieb abtropfen lassen, dann auspressen). Den Saft mit Gelierzucker und Verbeneblättchen aufkochen, mindestens drei Minuten wallend kochen lassen, abschäumen, Blätter entfernen. Das Ganze noch heiß in Schraubgläser füllen, zehn Minuten auf den Kopf stellen.

LINKE SEITE
Mehr der Duft und das Aroma als das Aussehen bestechen beim eher unscheinbaren Zitronenstrauch.

FOLGENDE DOPPELSEITE LINKS
Der Zitronenstrauch gehört zu den Eisenkrautgewächsen.

FOLGENDE DOPPELSEITE RECHTS
Zwiebeln – zum Trocknen aufgehängt, als Blüte im Beet eingesetzt oder als „immerwährende Zwiebel" sehr vielseitig einsetzbar

ZWIEBEL
ALLIUM CEPA
Zwiefel, Bolle, Zipolle, Sipel

Die Zwiebel ist ein Fräulein, das einen zum Weinen bringt, wenn man ihm das Röckchen auszieht. ALTER SPRUCH

|▸| **WISSENSWERTES** Diese wie Knoblauch, Gemüse- und Schnittlauch zu den Liliengewächsen zählende uralte Kulturpflanze ist über die ganze Erde verbreitet; möglicherweise war Zentralasien ihre ursprüngliche Heimat. Zwar brachten die Römer die Zwiebel über die Alpen, aber erst seit dem Mittelalter wird sie bei uns als Gemüse- und Würzpflanze angebaut. Wie bei anderen scharf riechenden Pflanzen sagte man auch der Zwiebel immer wieder antidämonische Kräfte nach. Während Pestepidemien hängte man sie in den Krankenzimmern auf; noch im 18. Jahrhundert glaubte man, halbierte Zwiebeln saugten „die bösen Lüfte" an. Heute weiß man, dass Zwiebeln durch ihren Schwefelgehalt eine desinfizierende Wirkung haben.

|▸| **AUSSEHEN UND MERKMALE**   Wenn sich auch die einzelnen Zwiebelsorten in Farbe, Form und Größe stark unterscheiden, so sind doch wesentliche Merkmale identisch: papierdünne Außenhaut, fleischige innere Schalen – sieben sagt man ihnen nach –, röhrenartige Blätter und kugelförmige Blüten an langen Stielen im zweiten Jahr. Manche Zwiebeln werden gesät, andere gesteckt, bei den gesteckten erntet man die Tochterzwiebeln. Angebaut werden im Garten außer den ganz normalen Steckzwiebeln die kleinwüchsigen Charlotten mit vielen feinen Röhrenblättern, die Silberzwiebelchen, die eigentlich nur sehr dicht gesäte gewöhnliche Zwiebeln sind, und Luft- oder Etagenzwiebeln als mehrjährige Zwiebeln, bei denen sich an den Stängelchen Tochterzwiebeln bilden, sowie Winter- oder Stängelzwiebeln mit kräftigen Röhrenblättern.

|▸| **INHALTSSTOFFE UND WIRKUNG** Zwiebeln enthalten das typisch duftende ätherische Öl, zwei verschiedene Schwefelverbindungen, von denen eine uns die Tränen in die Augen treibt, während die andere das Wachsen von Bakterien hemmt und damit desinfizierend wirkt. Deshalb wurden Zwiebeln zur Darmentgiftung, aber auch präventiv gegen Darmkrankheiten verwendet und ihr Saft zur Wunddesinfektion gebraucht. Ferner enthalten sie neben Vitaminen organische Säuren, so dass sie den gesamten Organismus positiv stimulieren. Der Saft gilt als wirksames Mittel gegen Husten, Bienen- und Wespenstiche.

|▸| **VERWENDUNG IN DER KÜCHE** Roh, gedünstet oder als knusprig gebratene Ringe geben Zwiebeln Salaten, Gemüse und Fleisch, auch in Verbindung mit Knoblauch, einen angenehmen Geschmack. Ganze Zwiebeln, mit Nelken gespickt, werten eine Linsensuppe spürbar auf. Nicht nur in der Pfalz gehört ein Stück Zwiebelkuchen zum jungen Wein. Der sprichwörtliche Satz *Zwiebeln passen zu allem außer zu Milchbrei* kann sicher von vielen Menschen bestätigt werden.

Rezepte
QUICHE
MIT KRÄUTERN
Quicheboden: 240 g Mehl, 170 g Butter, 1 Ei und 1 Prise Salz zu einem Teig verkneten und auf eine feuerfeste Kuchenform verteilen, ca. 20 Minuten bei 180 °C vorbacken. Füllung: 400 ml Sahne, 4 Eier, 80 g Schinkenspeckwürfelchen, 200 g in Scheiben geschnittene Zwiebeln, je 1 TL klein geschnittener Thymian, Estragon und eventuell Bärlauch, 200 g geriebener würziger Hartkäse, Salz, Pfeffer und Muskat. Sahne und Eier verquirlen, das Übrige unterrühren, mit Salz, Pfeffer und Muskat abschmecken und das Ganze auf dem warmen Boden verteilen. Bei 180 °C 35 bis 40 Minuten backen, bis die Oberfläche goldgelb ist. Warm, eventuell mit gemischtem Salat, servieren.

LINKE SEITE
Zwiebelgrün am Beetrand

LITERATURTIPPS

Boxer, Arabella u. Back, Philippa, *Das Mosaikkräuterbuch,* Mosaik Verlag, München 1983.

Clevely, Andi u. Richmond, Katherine, *Dumont's Großes Kräuterbuch,* Köln 1995.

Die ganze Welt der Kräuter. Der große Ratgeber für Haus und Garten, Bindlach ⁵2003.

Hensel, Wolfgang, *Das Große Kräuterbuch.* Erkennen, Sammeln, Verwenden, Stuttgart 1994.

Hohenberger, Eleonore, *Heilpflanzen, die wirklich helfen.* Anbau und Verwendung nach Dr. Bach, Sebastian Kneipp, Hildegard von Bingen u.a., Augsburg 1994.

Ilies, Angelika u. Arras, Klaus, *Frische Kräuterküche,* Bozen 1996.

Lexikon der Heilpflanzen, Köln 1976.

McVicar, Jekka, *Der große Kräuterführer,* München 2008.

BILDNACHWEIS

Fotos: Kriemhild Finken; Württembergische Landesbibliothek, Stuttgart: 22, 23, 36, 40 rechts oben, 41 links unten, 46 rechts unten, 54 rechts oben, 56, 60 rechts unten, 68, 78, 84, 88 rechts unten, 90 rechts unten, 94, 96, 104 rechts unten, 107, 118 rechts unten, 120 rechts oben, 124 links unten, 126 rechts oben, 130 rechts oben, 140, 150, 160, 161 rechts unten (Thomé, Flora von Deutschland, Österreich und der Schweiz, 1903); 30, 76, 82, 131, 144 links oben, 148, 154 (Flora Danica, 1766–1883); 8 links oben (Fuchs, New Kreüterbuch, 1543); 8 rechts oben, 8 links unten, 28 rechts unten (Weinmann, Eigentliche Darstellung, 1735); 8 rechts unten (Matthioli, Kreuterbuch, 1600).

Verlag und Autoren danken Herrn Dr. Eberhard Zwink, dem Leiter der Abteilung Alte und Wertvolle Drucke der Württembergischen Landesbibliothek Stuttgart, für seine fachkundige Unterstützung.

RECHTE SEITE
Ein Gartentag geht zu Ende

Bibliografische Information
der Deutschen National-
bibliothek
Die Deutsche National-
bibliothek verzeichnet diese
Publikation in der Deut-
schen Nationalbibliografie;
detaillierte bibliografische
Daten sind im Internet über
http://dnb.d-nb.de abrufbar.

© 2009 by Jan Thorbecke
Verlag der Schwabenverlag AG,
Ostfildern
www.thorbecke.de ·
info@thorbecke.de

Gestaltung:
Burkhard Finken
Finken & Bumiller,
Stuttgart
Gesamtherstellung:
Jan Thorbecke Verlag,
Ostfildern
Printed in Germany
ISBN 978-3-7995-3512-0

Für Luisa, Clara,
Charlotte, Lorenz
und Myrtille